少年读古文观止

周朝经史

〔清〕吴楚材 〔清〕吴调侯 编选

赵红玉 冯慧敏 导读注译

央美阳光 绘

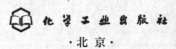

化学工业出版社

·北京·

图书在版编目（CIP）数据

少年读古文观止.周朝经史/（清）吴楚材，（清）吴调侯
编选；赵红玉，冯慧敏导读注译；央美阳光绘.—北京：
化学工业出版社，2023.7
　　ISBN 978-7-122-43351-0

　　Ⅰ.①少… Ⅱ.①吴… ②吴… ③赵… ④冯… ⑤央…
Ⅲ.①《古文观止》-少年读物 Ⅳ.①H194.1-49

　　中国国家版本馆CIP数据核字（2023）第073103号

SHAONIAN DU GUWEN GUANZHI：ZHOUCHAO JINGSHI

少年读古文观止：周朝经史

责任编辑：隋权玲　　　　　　　　　　装帧设计：宁静静　刘丽华
责任校对：边　涛

出版发行：化学工业出版社（北京市东城区青年湖南街13号　邮政编码100011）
印　　装：北京宝隆世纪印刷有限公司
710mm×1000mm　1/16　印张10　2024年4月北京第1版第1次印刷

购书咨询：010-64518888　　　　　　　　售后服务：010-64518899
网　　址：http://www.cip.com.cn
凡购买本书，如有缺损质量问题，本社销售中心负责调换。

前言

　　《古文观止》是清代康熙年间吴楚材、吴调侯叔侄二人选编的一部文集，以散文为主，兼收骈文。其中，"观止"取"叹为观止"之意，"古文观止"就是说历代古文名篇都在这里，看完这本书，别的也就不用看了。这是何等的自信！这份自信并不是无的放矢。《古文观止》在康熙三十四年（1695 年）正式问世，收录了从周到明的传世佳作，展现了几千年间的文体变迁、文化思想、历史传统，在文学史上有着不可估量的影响。传世三百余年，《古文观止》并没有因为经济文化的日新月异而销声匿迹，反而历久弥新，广为传诵。

　　《少年读古文观止》以原著为依托，年代为经、作者为纬，并在此基础上加以解读。作者介绍和"知历史"让读者了解古文背后的人文内涵和历史知识；"品原文"和"见其译"既能让读者品读原文的韵味，又扫除了阅读障碍，使古文的含义直观地呈现在读者面前。此外，书中还设置了"疑难字""特殊句""词类活用"等栏目，让读者在了解古文思想文化内涵及其背后的历史、人文知识的同时，学习文言文的知识，丰富、提升自己的语文素养。不仅如此，每篇古文前还配有"古人朋友圈""路人甲日报"等栏目，趣味性十足，让读者在获取知识的同时会心一笑。书中还配有精美的古风插图，帮助读者理解古文，同时有助于提升读者的审美。希望《少年读古文观止》，能够帮助读者了解古文知识，感知我们的国学经典和传统文化的魅力。

目录

周朝史话

ZHOU

CHAO

SHI

HUA

左传

《左传》亦称《春秋左氏传》或《左氏春秋》，它记载了鲁隐公元年（前722）至鲁悼公四年（前464）春秋各国的重要史事，涉及周王朝和十几个诸侯国，是我国现存最早的叙事翔实的编年体史书，作者相传是春秋末年鲁国的左丘明。《左传》与《公羊传》《谷梁传》合称"《春秋》三传"。

左丘明关键词

◆ 姜子牙后代。

◆ 孔子的好友。

◆ 中国史学开山鼻祖之一。

◆ 百家文字之宗、万世古文之祖。

《左氏春秋》这本书啊，是我读《春秋》时做的解析笔记。

孔子

左丘明耻之，丘亦耻之。

千年疑案：《左传》是谁写的？

◆ 叶梦得（宋）：写《左传》的是战国秦汉间人。

◆ 纪晓岚（清）：《左传》的作者就是左丘明，不接受反驳！

◆ 童书业（现代）：据我研究，吴起才是《左传》的真作者。

郑伯克段于鄢（节选）

《知·历·史》

郑武公是春秋时期郑国国君，他雄心勃勃，利用手中的权力，不断向周边扩张。期间，他与申国联姻，迎娶了申国公主武姜。武姜先后生了两个儿子：大儿子寤生，小儿子共叔段。武姜宠爱小儿子，不喜欢大儿子。后来，寤生继位为国君，成为郑庄公。武姜不喜，和小儿子谋划篡位。公元前722年，郑庄公挫败了母亲和弟弟的阴谋，后在名士颍考叔的劝说下与母亲重归于好。《郑伯克段于鄢》讲述的就是郑国这段风云往事。

头版头条 爱看不看

太叔段步步为谋，意欲何为？

本报最新消息，当今国君郑庄公之弟太叔段继扩大京邑城池范围，私自命西方、北方城邑效忠于他，并把边邑划到自己治下后，近日又紧锣密鼓地修葺城池、聚积粮草、修缮甲胄兵器。

业内人士认为，他此举是在向庄公宣战。

郑庄公又将如何应对呢？请关注本报后续报道……

路人甲日报

读者留言

郑庄公：因为母亲有意袒护，寡人这个弟弟越来越不像话了。如今，我是箭在弦上，不得不发了……

祭仲回复郑庄公：王上理应早做决断，不然姜氏和太叔段不知还会弄出什么"幺蛾子"！

公子吕回复郑庄公：对待不义之人王上不必仁慈！否则后患无穷！

左传

《品·原·文》

初①，郑武公②娶于申，曰武姜③，生庄公及共叔段④。庄公寤生⑤，惊⑥姜氏，故名曰寤生，遂恶之⑦。爱共叔段，欲立之。亟⑧请于武公，公弗⑨许。

及庄公即位，为之请制⑩。公曰："制，岩邑⑪也，虢叔死焉。他邑唯命。"请京，使居之，谓之京城大⑫叔。祭仲⑬曰："都城

你可不能怠慢你的弟弟。

开篇揭示武姜讨厌郑庄公寤生的原因。武姜偏心、溺爱小儿子共叔段，为后续兄弟争权埋下伏笔。姜氏的一个恶、一个爱始终贯穿于矛盾的产生、发展和激化的过程，是这篇文章的脉络所在。

① 初：从前，当初。这里是回述往事。
② 郑武公：姓姬，名掘突，郑国君主。
③ 武姜：郑武公之妻，"姜"是其娘家姓，"武"是武公谥号。
④ 共（gōng）叔段：庄公的弟弟，名段。"共"为国名，"叔"是排行。段后来逃亡到共，故称"共叔段"。
⑤ 寤生：生产时婴儿脚先出来，是难产的一种。
⑥ 惊：使……惊。
⑦ 遂恶之：因此厌恶他。
⑧ 亟（qì）：屡次。
⑨ 弗：不。
⑩ 制：郑国的一个地方，在今河南荥阳西北，又叫"虎牢关"。
⑪ 岩邑：险要的城镇。
⑫ 大：通"太"。
⑬ 祭（zhài）仲：即祭足，郑国大夫。

过百雉①，国之害也。先王之制：大都不过参②国之一，中五之一，小九之一。今京不度③，非制也，君将不堪④。"公曰："姜氏欲之，焉辟⑤害？"对曰："姜氏何厌之有！不如早为之所，无⑥使滋蔓，蔓，难图⑦也。蔓草犹⑧不可除，况君之宠弟乎！"公曰："多行不义必自毙。子姑待之。"

大臣祭仲先从礼法制度的角度，指出共叔段的作为不妥，为下文他劝谏庄公做铺垫。

既而⑨大叔命西鄙、北鄙贰于己。公子吕⑩曰："国不堪贰，君将若之何？欲与大叔，臣请事⑪之；若弗与，则请除之，无生民心⑫。"公曰："无庸⑬，将自及。"大叔又收贰以为己邑，至于廪延⑭。子封曰：

这两句话表现出郑庄公的成竹在胸。一句"子姑待之"，充分烘托出郑庄公运筹帷幄、智珠在握的心态与形象。

① 雉：古代丈量城墙的单位，长三丈高一丈为一雉。
② 参：通"三"。
③ 不度：不合法度。
④ 不堪：控制不住。
⑤ 辟（bì）：通"避"，躲避。
⑥ 无：通"毋"。
⑦ 图：除掉。
⑧ 犹：尚且。
⑨ 既而：固定词组，不久。
⑩ 公子吕：字子封，郑国大夫。
⑪ 事：侍奉。
⑫ 生民心：使臣民生二心。
⑬ 庸：通"用"。
⑭ 廪（lǐn）延：郑国地名。

郑伯克段于鄢 （节选）

左传

"可矣。厚将得众。"公曰："不义不昵，厚将崩。"

大叔完聚①，缮甲兵②，具卒乘③，将袭郑，夫人将启之④。公闻其期，曰："可矣！"命子封帅车二百乘以伐京。京叛大叔段。段入于鄢，公伐诸鄢。五月辛丑，大叔出奔⑤共。

遂置姜氏于城颍而誓之曰："不及黄泉，无相见也！"既而悔之。颍考叔⑥为颍谷封人⑦，闻之，有献于公。公赐之食，食舍肉。公问之，对曰："小人有母，皆尝小人之食矣，未尝君之羹⑧，请以遗之。"公曰："尔有母遗，繄⑨我独无！"颍考叔曰："敢问何谓也？"公语之故，且告之悔。对曰："君何患焉！若阙⑩地及泉，隧而相见，其谁曰不然？"公从之。公入而赋："大隧之中，其乐也融融⑪！"姜出而赋："大隧之外，其乐也泄泄⑫！"遂为母子如初。

作者用简短的"可矣"二字，表现出叛乱发生时郑庄公的沉着冷静。同时，也从侧面揭示出郑庄公对此早有准备，由此可见郑庄公阴险、狡诈的一面。

阅读延伸

从此文可以看出《左传》的总体行文特点：不着一褒字，也不着一贬字，而褒贬自在其中。这就是后来我们常说的"春秋笔法"。

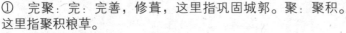

① 完聚：完：完善，修葺，这里指巩固城郭。聚：聚积。这里指聚积粮草。
② 缮甲兵：修整皮甲、兵器。
③ 具卒乘（shèng）：补充训练兵员。具，准备。卒，兵士，步兵。乘，战车，这里指车兵。
④ 启之：开启城门。
⑤ 出奔：逃亡。
⑥ 颍考叔：郑国大夫。
⑦ 封人：镇守边疆的地方官。
⑧ 羹：古代指带汁的肉食。
⑨ 繄：句首语气词，无意义。
⑩ 阙（jué）：通"掘"，挖。
⑪ 融融：形容快乐、和睦的样子。
⑫ 泄泄：快乐舒畅。

当初，郑武公迎娶了申国女子，名叫武姜。她生了两个儿子：郑庄公和共叔段。郑庄公出生时，脚先出来，使武姜受了惊吓，于是给他取名"寤生"，姜氏很不喜欢他。武姜很疼爱小儿子共叔段，想立他为太子。姜氏多次请求武公，但郑武公没有同意。

等到郑庄公继位后，武姜请求把制邑作为共叔段的封地。郑庄公说："制邑位置险要，虢叔曾死在那里。别的地方我可以听从您的吩咐。"于是，武姜请求把京邑给共叔段。郑庄公答应了，让共叔段住到京邑，时人称他为"京城太叔"。祭仲对庄公说："如果封地的城墙超过三百丈，那将是国家之祸。先王规定的制度：大城市的城墙长不能超过国都的三分之一；中等城市不能超过

大王，是时候反击了！

7

国都的五分之一；小城市不能超过九分之一。如今京邑城太大，不合法度，恐怕对您不利。"庄公说："我的母亲姜氏想这样，我哪里能躲避祸害呢？"祭仲回答说："姜氏哪有满足的时候！依我看，不如早作打算，不要使他再发展；再发展，就难对付了。蔓延的草尚且难以除净，更何况是您那受宠的弟弟呢？"庄公说："不道德、不合理的事情做多了，必定会自取灭亡。你姑且等着瞧吧。"

没过多久，太叔段命原本归庄公管辖的西部、北部的城邑，也向自己效忠。公子吕说："国家不能忍受两种政权共存，您打算怎么办？如果你想把国家交给太叔，那么请允许我去服侍他；如果不打算让位，那么我劝您赶紧除掉他，不要让百姓产生疑虑。"庄公说："不用我们出手，他会自取灭亡的。"没过多久，太叔又把两面听命的西部与北部边邑全部收归自有，并把地盘扩展到廪延。公子吕说："该动手了，土地广了，会有更多人归附他。"庄公说："我这个弟弟对国君不义，对兄长不亲，土地扩展得越广，瓦解倒台越快。"

太叔修葺城池，聚积粮草，修缮甲胄兵器，准备好军队战车，打算偷袭国都，而武姜准备打开城门接应他。庄公得知太叔起兵的日期，说："可以下手了！"命令公子吕率领二百辆战车去攻打京邑。京邑的人叛离太叔，他只能逃到鄢邑。庄公又讨伐鄢邑。五月二十三日，太叔段逃亡到共国。

庄公把武姜安置在城颍，发誓说："你我不到黄泉，不再见面！"但很快，庄公又后悔了。颍考叔是镇守边境颍谷的官员，他听说这件事后，假借进贡物品，进见庄公。庄公赐宴款待他，颍考叔在吃饭时，把肉放到一边不吃。庄公问他原因，颍考叔回答说："小人家有老母，我孝敬给她的食物她都吃过，却没尝过国君的肉羹，请允许我把这肉羹带给她尝尝。"庄公说："你有母亲可以孝敬，可我却没有！"颍考叔问："请问这是什么意思？"庄公告诉了他前因后果，并直言自己很后悔。颍考叔回答说："您何必为此发愁呢？您如果挖一条地道，直挖到泉水涌出，在地道里相见，谁会说您违背了誓言呢？"庄公按他的办法做了。庄公走进地道时，赋诗说："走入地道中，心里多么快乐啊！"武姜走出地道时也赋诗说："走出地道外，多么舒畅啊！"从此，母子关系恢复如初。

我的儿，之前是我错了……

《 疑 · 难 · 字 》

寤（wù）　虢（guó）　雉（zhì）　鄙（bǐ）　贰（èr）
廪（lǐn）　缮（shàn）　鄢（yān）　羹（gēng）　繄（yī）

《 特 · 殊 · 句 》

◆ 倒装句

敢问何谓也？（宾语前置）

原句语序应是"敢问谓何也"，现在宾语"何"提到动词"谓"之前。

郑武公娶于申。（状语后置）

原句语序应为"郑武公于申娶"，如今状语后置了。

◆ 省略句

生庄公及共叔段。（省略主语）

原句应为"（武姜）生庄公及共叔段"。

◆ 判断句

制，岩邑也。

主语是制，谓语是岩邑。

《 词 · 类 · 活 · 用 》

故名曰寤生，遂恶之（名：取名，命名。名词作动词。）

姜氏欲之，焉辟害（之：这样做。代词做动词。）

闻之，有献于公（献：献上的东西。动词作名词。）

◆ 知识点

"多行不义必自毙"出自《左传·隐公元年》。意思是：经常做坏事的话，一定会自取灭亡。

周郑交质

《知·历·史》

郑庄公继位后，同时也接替了父亲郑武公在周王室的卿士职位。不过，由于当时的周王室日益衰微，威信不足，郑庄公并没有把周平王放在眼里。再加上国内共叔段图谋反叛，因此郑庄公很少到洛邑朝见天子。周平王对此很不满，于是打算分权给虢公。郑庄公听说后很不高兴，特地赶到洛邑去质问周平王，但周平王矢口否认。双方为了证明对彼此的信任，交换了各自的儿子做人质。等到周平王死后，周桓王继位。他对郑庄公十分不满，就罢免了庄公的官位。自此，周、郑之间的关系急转直下。《周郑交质》说明周、郑矛盾激化，反映了当时周王室衰微，无力驾驭诸侯；而各诸侯势力崛起，各诸侯国间弱肉强食、互相戒备。

郑庄公

我的儿啊，这次去周平王那边做质子委屈你了。当然，咱们也不吃亏，他的太子也到我这里做质子。

姬忽

父亲不必挂怀，儿子安好。只不过……

郑庄公

怎么？难道有人欺负你了？快说快说！

姬忽

儿子听说天子不满父亲，打算撤您的职。

郑庄公

什么？竟有此事？岂有此理！我一定要给他一个教训！

周郑交质

左传

《品·原·文》

郑武公、庄公为平王卿士，<u>王贰于虢，郑伯怨王</u>①。王曰："无之。"故周、郑交质②，<u>王子狐为质于郑，郑公子忽为质于周</u>。王崩，周人将畀③虢公政。四月，郑祭足④帅师取温之麦。秋，又取成周⑤之禾。<u>周、郑交恶</u>。

君子曰："<u>信不由中，质无益也。明恕而行，要之以礼，虽无有质，谁能间⑥之？苟有明信，涧、溪、沼、沚之毛⑦，蘋、蘩、蕴、藻⑧之菜，筐、筥、锜、釜⑨之器，潢污、行潦之水，可荐于鬼神，可羞⑩于王公</u>，而况君子结二国之信，行之以礼，又焉用质？《风》⑪有《采蘩》《采蘋》，《雅》⑫有《行苇》《泂酌》，昭忠信也。"

作者只用寥寥数字即揭露了周平王与郑庄公矛盾的由来，更在段尾平铺直叙地点明了周、郑之间脆弱、微妙的关系。

作者点明"信"的重要性，认为周、郑之所以关系恶化，是因为双方没有坦诚以待，失去了"信"。

① 王：周平王。
② 质：人质。
③ 畀（bì）：交给，给予。
④ 祭（zhài）足：郑国官员。
⑤ 成周：指周东都一带。
⑥ 间：离间。
⑦ 毛：本指草，这里泛指植物。
⑧ 蘋（pín）、蘩、蕴、藻：四叶菜、白蒿、水草、聚生的藻类。
⑨ 筐、筥、锜、釜：方形竹制容器、圆形竹制容器、有足的烹饪器、无足的烹饪器。
⑩ 羞：进献食物。
⑪ 《风》：《诗经·国风》。
⑫ 《雅》：《诗经·大雅》。

《见·其·译》

郑武公和郑庄公相继担任周平王的执政大臣。后来，周平王想分权给虢公，郑庄公知道后颇有怨言。周平王连忙否认："没有这种事。"因此周王朝和郑国交换人质：周平王的儿子姬狐到郑国当人质，郑庄公的儿子姬忽到周王朝做人质。周平王死后，王室准备把权力交给虢公。为了表达不满，当年四月，郑国大臣祭足率领军队把王室所管辖的温地的麦子抢先收割了。等到了秋天，郑国又把成周的稻谷收割了。周王朝和郑国的关系恶化了。

君子说："诚信不是发自内心，交换人质也没用。设身处地地互相体谅而后行事，再用礼制来约束的话，就算没有交换人质，又有谁能离间彼此呢？如果坦诚相待，就算把野草、野菜装到竹筐、大锅之类的简陋容器里，甚至路上沟里大大小小的积水，也一样能供奉鬼神，进献给王公。更何况君子订立两国盟约，依礼去做，又哪用得上人质啊？《国风》里有《采蘩》《采蘋》，《大雅》中有《行苇》《泂酌》，这些都是表彰忠实和信赖的篇章。"

抢收，快抢收！

《疑·难·字》

虢（guó） 畀（bì） 沚（zhǐ） 蘋（pín） 蘩（fán）

筥（jǔ） 锜（qí） 潢（huáng） 苇（wěi） 泂（jiǒng）

《特·殊·句》

◆ 倒装句

王子狐为质于郑，郑公子忽为质于周。（状语后置）

原句语序应是"王子狐于郑为质，郑公子忽于周为质"，如今状语后置了。

要之以礼。（状语后置）

原句语序应为"以礼要之"，如今状语后置了。

可荐于鬼神，可羞于王公。（状语后置）

原句语序应为"可于鬼神荐，可于王公羞"，如今状语后置了。

要之以礼。（状语后置）

原句语序应为"以礼要之"，如今状语后置了。

◆ 疑问句

又焉用质？

借疑问词"焉"发出疑问，相当于"怎么""如何"。

◆ 知识点

　　《采蘩》和《采蘋》都是《诗经·国风·召南》中的篇章，主要描写了妇女采集祭祀用的野菜的场景。《行苇》和《泂酌》出自《诗经·大雅·生民之什》，前者是祝酒词，颂扬敬老尊贵，和睦相亲；后者表明要真诚地对待民众。《左传》将这四篇都视为"昭示忠信"。

石碏^① 谏宠州吁

《知·历·史》

周朝自立国以来，为了维护周天子统治，制定了严苛的宗法制度。其中最重要的一项是"嫡长子继承制"，即嫡妻生下的长子拥有权位和财产的继承权。但人非草木，孰能无情？历史上，宠爱庶子的大有人在，卫庄公就是其中之一。他十分疼爱庶子州吁，导致州吁性格骄纵、残暴不仁。官员石碏察觉到潜在的危机，于是委婉劝谏卫庄公，可惜庄公并没有听从。《石碏谏宠州吁》记叙的就是石碏针对卫庄公过分宠爱州吁进行劝谏的内容。

---

① 石碏（què）：卫国一官员。

 ## 石碏分享了一个链接

 "嫡庶之分"，古则有之。为君者，当遵照宗法行事，切不可因一时差错，乱了礼法，酿成大祸。@卫庄公

1 小时前

♡ 庄姜，姬完

✉ 卫庄公：此事寡人自有主张，就不劳爱卿费神了。

庄姜：说得很有道理，给你点赞！

姬完：有劳石碏说出我一直想说又不敢说出的话。

州吁：一派胡言！

石厚回复州吁：公子消消气，为了替父亲赔罪，我今晚请公子吃酒。

左传

《品·原·文》

卫庄公娶于齐东宫①得臣之妹，曰庄姜，美而无子，卫人所为赋《硕人》②也。又娶于陈，曰厉妫，生孝伯，蚤③死。其娣戴妫生桓公，庄姜以为己子。公子州吁，嬖人④之子也，有宠而好兵，公弗禁，庄姜恶之。

石碏谏曰："臣闻爱子，教之以义方，弗纳于邪。骄、奢、淫、佚⑤，所自邪也，四者之来，宠禄过也。将立州吁，乃定之矣，若犹未也，阶⑥之为祸。夫宠而不骄，骄而能降，降而不憾，憾而能眕⑦者，鲜矣。且夫贱妨贵，少陵长，远间亲，新间旧，小加大，淫破义，所谓六逆也；君义，臣行，父慈，子孝，兄爱，弟敬，所谓六顺也；去顺效逆，所以速祸也。君人者，将祸是务去，而速之，无乃不可乎？"弗听。其子厚与州吁游，禁之，不可。桓公立，乃老。

这两句话是解释卫庄公宠爱州吁的原因——"嬖人之子"，以及对州吁的宠爱程度，为引出下文石碏的谏言做铺垫。

石碏在谏言里，开门见山地点出卫庄公溺爱州吁的做法是错误的。

作者用排比的手法，总结了"六逆"以及"六顺"，阐述了自己的见解，指出庄公不应"去顺效逆"。

① 东宫：太子的居所，这里代指太子。
② 《硕人》：《诗经·卫风》中的一篇。
③ 蚤：通"早"。
④ 嬖人：地位低贱但受宠的人。这里指卫庄公的宠妾。
⑤ 佚：放纵、放荡。
⑥ 阶：阶梯，这里用作动词，指一步步引向。
⑦ 眕（zhěn）：克制，不轻举妄动。

《见·其·译》

　　卫庄公迎娶了齐国太子得臣的妹妹，她后来被称为"庄姜"。庄姜容貌美丽，但一直没有儿子。卫国人为她作了一首叫《硕人》的诗。后来，卫庄公又娶了一名陈国女子，她后来被称为"厉妫"。厉妫为庄公生下一子孝伯，可惜她很早就死了。她的妹妹戴妫为庄公生下一子，即卫桓公，庄姜把他当作自己的儿子。公子州吁是卫庄公和一名宠姬生的儿子，很受卫庄公的宠爱，他喜欢武事，庄公也不禁止，庄姜却很不喜欢他。

　　石碏向庄公劝谏说："我听说疼爱孩子应该用正确的规矩道义来教育他，不能让其走入邪道。骄纵、奢侈、淫荡、逸乐是步入邪路的开始。这四种恶习的发生，是因为过分的宠爱、过多的俸禄。您如果打算将州吁立为太子，那么就赶紧确定下来。如果

大王，溺爱孩子不可取啊！

还没有决定，纵容他就会一步步酿成祸乱。受到宠爱而不变得骄横，骄横却能安于低位，身处低位而不怨恨，怨恨却能克制自己，这样的人是很少见的。而且地位卑贱的去妨害地位高贵的，年少的欺侮年长的，关系疏远的离间关系亲近的，新人去压制旧人，地位低的去压迫地位高的，淫乱的破坏有道义的，这六种是违背道义的事情。国君处事仁义，臣子令行禁止，做父亲的仁慈怜爱，当儿子的孝敬恭顺，做兄长的友爱保护，当弟弟的恭敬有礼，这六种是对理义的顺从。不做顺应道理的事，反而去做违反道义的事，这就会加快祸乱的到来。为君之人理应尽早去除祸害，如今反而加速祸患的到来，我想这大概是不可以的吧？"然而卫庄公并没有听从石碏的劝谏。石碏的儿子石厚和州吁交往甚密，石碏明令禁止，但石厚不听。庄公死后，卫桓公继位，石碏就告老退休了。

唉！想当年……

碏（què） 妫（guī） 娣（dì） 吁（yù） 嬖（bì）
弗（fú） 奢（shē） 佚（yì） 憾（hàn） 畛（zhěn）

《特·殊·句》

倒装句

<u>将祸是务去。（宾语前置）</u>

原句语序应为"将务去是祸"，"是"为指示代词，复指宾语"祸"，现在宾语"祸"前置了。

◆ **省略句**

<u>美而无子。（省略主语）</u>

原句应为"（庄姜）美而无子"。

<u>桓公立，乃老。（省略主语）</u>

原句应为"桓公立，（石碏）乃老"。

◆ **判断句**

<u>公子州吁，嬖人之子也。</u>

语气词"也"来帮助判断。

《词·类·活·用》

若犹未也，阶之为祸（阶：阶梯。名词作动词，指一步步引向。）

桓公立，乃老（老：告老辞官。形容词作动词。）

◆ **知识点**

　　《硕人》出自《诗经·卫风》，相传由卫人所作，着重描写了庄姜美丽、高贵的外貌，是早期刻画女性外貌的文章。

石碏谏宠州吁

左传

臧僖伯① 谏观鱼

《知·历·史》

　　西周初年，周公制定了繁杂的礼乐制度，规范个人的言行举止。不论是高高在上的周天子、诸侯等贵族阶层，还是普通百姓，每天的日常生活都要遵循"礼"。公元前718年的一天，鲁隐公突然来了兴致，打算从国都出发，千里迢迢赶到边境的棠地（今山东鱼台东北）去观看捕鱼。依照当时的礼法，捕鱼是很低贱的行业，而鲁隐公作为尊贵的诸侯，跑到棠地看捕鱼不仅不符合礼制，还是"乱政"的祸根。于是，重臣臧僖伯赶紧劝谏他。《臧僖伯谏观鱼》主要讲述的就是臧僖伯苦口婆心地劝谏鲁隐公的内容。

① 臧僖伯：鲁孝公之子，鲁隐公时期的重臣。

头版头条 爱看不看

鲁隐公此去棠地究竟为哪般？

路人甲日报

　　近日，鲁隐公将启程前往棠地。有传言称，他此行仅仅是为了观看棠地人捕鱼。目前，此事已在朝中引起了非议。若传言为真，那么身为一国之君，鲁隐公的这种行为显然不符合礼法。对此，鲁隐公至今没有给出明确回复。本报将持续为您"刨根问底"，敬请期待。

读者留言

围观民众： 若所言为真，国君这么做，着实欠妥！

鲁隐公回复围观民众： 不信谣不传谣，众位多虑了。寡人此去是为了巡视，只是顺带观看捕鱼。

春，公①将如棠观鱼者。

臧僖伯谏曰："凡物不足以讲大事②，其材不足以备器用，则君不举焉。君将纳民于轨物③者也，故讲事以度轨量谓之'轨'，取材以章物采谓之'物'，不轨不物。谓之'乱政'。乱政亟④行，所以败也。故春蒐⑤、夏苗、秋狝、冬狩，皆于农隙以讲事也。三年而治兵，入而振旅⑥，归而饮至，以数军实，昭文章，明贵贱，辨等列，顺少长，习威仪也。鸟兽之肉不登于俎，皮革齿牙、骨角毛羽不登于器，则君不射，古之制也。若夫山林川泽之实，器用之资，皂隶⑦之事，官司之守，非君所及也。"

公曰："吾将略地⑧焉。"遂往，陈鱼而观之。僖伯称疾不从。

书曰："公矢鱼于棠"，非礼也，且言远地也。

国君的职责是指引百姓，纳百姓于"轨物"。作者围绕这一观点和主张展开论述，旁敲侧击，目的是使鲁隐公明白自己的错误。

《春秋》中一句简单的"公矢鱼于棠"，让鲁隐公成为"反面典型"。

① 公：鲁国国君鲁隐公。
② 讲大事：演习祭祀与军务。
③ 轨物：法度和准则。
④ 亟：多次，屡次。
⑤ 春蒐（sōu）：春猎。下文的夏苗、秋狝、冬狩分别指的是夏猎、秋猎和冬猎。以上四季狩猎均为有组织的狩猎，带有明显的军事演习的目的。
⑥ 振旅：整顿军队。
⑦ 皂隶：古代对处理杂务的仆役的称呼。这里泛指地位低下的人。
⑧ 略地：巡视边境。

臧僖伯谏观鱼

左传

《见·其·译》

鲁隐公五年的春天，隐公打算到棠地观看捕鱼。

大臣臧僖伯劝谏说："一切事物，不与演习祭祀、军事相关，它的材料不能制作礼器与兵器，国君就不必亲自处理。国君是引导民众遵循礼制和法度的人。用演习祭祀和军事等国家大事来衡量规范礼法的行为叫'正轨'，选用材料制作器物来表现等级文采的做法叫'礼制'。而既不符合'正轨'，也不符合礼制的做法叫'乱政'。不符合礼法的乱政持续不断地颁行，是国家败亡的主要原因。因此，春、夏、秋、冬分别举行的狩猎行为，都是在农闲的时候演练军务。每过三年都要举行一次大练兵，演习结束后，还要对军队进行休整，然后国君要在宗

身为君主，不可不遵从礼法呀。

庙祭告，宴赏臣下，清点狩猎的收获。举行这些活动时，要彰明车马、旌旗、服饰的文采，分清贵贱的区别，辨别等级的差阶，厘清少年和老年的顺序，这是讲习威仪。鸟兽的肉不能放到祭祀礼器里，皮子、壮齿、象牙、兽骨、牛角、旄牛尾、鸟羽不用在祭器中的，国君就不去射取，这是自古以来的制度。至于在山林、河流里收获的物产，一般器具的材料，那是下等贱役该干的工作，是相关官吏的职责，不是国君该去参与管理的。"

鲁隐公说："我要去巡视边境。"于是，鲁隐公来到了棠地，让渔民摆设好渔具捕鱼，方便他观看。而臧僖伯则借口有病，没有陪同前往。

《春秋》上记载："鲁隐公在棠地陈设捕鱼器具。"是说隐公这种行为不合礼法，并且点明棠地远离国都。

《疑·难·字》

臧（zāng）　僖（xī）　谏（jiàn）　棠（táng）　亟（qì）
蒐（sōu）　狝（xiǎn）　狩（shòu）　俎（zǔ）　隶（lì）

《特·殊·句》

◆ **倒装句**

公矢鱼于棠。（状语后置）

原句语序应为"公于棠矢鱼"，如今状语后置了。

◆ **省略句**

非礼也，且言远地也。

原句应为"（这种行为）非礼也，且言远地也"。

◆ 知识点

何为礼？

　　该文通篇围绕"礼"字展开，其所谓的"礼"其实是一种阶级分化的象征，是用来区分贵贱等级的手段，早在原始社会末期就已经初现端倪。到西周时期，周公旦集前人之大成，制定了"礼乐制度"，对中国文化产生了深远影响。

取舍有度的狩猎之礼

　　文中提到的"春蒐""夏苗""秋狝""冬狩"指的是不同季节的畋猎（打猎）活动。为了顺应四季更迭的变化，维持生态平衡，古代先民畋猎时会有一定的选择性和针对性，如春天不猎那些产卵、怀孕的动物，夏天尽量猎捕一些践坏庄稼的动物，秋冬之时则可以尽情围猎，等等。

郑庄公戒饬① 守臣

《 知·历·史 》

公元前722年，郑庄公平定了共叔段之乱，后来与母亲武姜达成和解，彻底稳定了国内局势。他放眼天下，决定在诸侯间树立自己的威信。郑庄公一边和距离郑国较远的齐国、鲁国结盟，一边扛起"尊王"的大旗征伐周边的小国。公元前712年，郑庄公借口许庄公没来朝见周天子，联合齐、鲁两国攻破了许国都城。在如何处置许国的问题上，郑庄公经过一番思虑，决定不占领许国。他让许国大夫百里辅佐许庄公的弟弟许叔，然后派公孙获协助治理国家。《郑庄公戒饬守臣》记述的就是郑庄公对留守在许国的大臣的戒饬内容。

---

① 戒饬：告诫。

〈 都是自己人　　　　　　　　　　　　•••

郑庄公
> 许国太嚣张了！居然不肯朝见天子，实在有违礼法！弟兄们，咱们该给他个教训！

鲁隐公
> 这些非姬姓诸侯一向这么跋扈！早该办他了！

齐僖公
> 谢谢，有被冒犯到。

郑庄公
> 忽略这些细节。那就这么定了，秋七月，一起发兵攻许。

郑庄公戒饬守臣

左传

《品·原·文》

　　秋七月，公会齐侯、郑伯①伐许。庚辰，傅②于许。颍考叔取郑伯之旗蝥弧③以先登，子都④自下射之，颠。瑕叔盈⑤又以蝥弧登，周麾⑥而呼曰："君登矣！"郑师毕登。壬午，遂入许。许庄公奔卫。齐侯以许让公，公曰："君谓许不共⑦，故从君讨之。许既伏其罪矣，虽君有命，寡人弗敢与闻。"乃与郑人。

　　郑伯使许大夫百里⑧奉许叔⑨以居许东偏，曰："天祸许国，鬼神实不逞于许君，而假手于我寡人。寡人唯是一二父兄⑩不能共亿⑪，其敢以许自为功乎？寡人有弟，不能和协，而使糊其口于四方，其况能久有许乎？吾子其奉许叔以抚柔⑫此民也，吾将使获也佐吾子。若寡人得没于地，天其以礼悔

从这几句话可以看出，表面上齐、鲁、郑结盟，但三个国家并不真的一条心。这几句话简短解释了郑国是怎样得到许国土地的。

郑庄公表面声称信任百里和许叔，转瞬却又把心腹公孙获派了过来。可见郑庄公心机深重，有高超的政治智慧。

---

① 公、齐侯、郑伯：分别指鲁隐公、齐僖公、郑庄公。
② 傅：逼近。
③ 蝥（máo）弧：一种旗帜的名称。
④ 子都：郑国官员，与颍考叔有旧怨。
⑤ 瑕叔盈：郑国官员。
⑥ 周麾（huī）：向四方挥动旗帜。
⑦ 共（gōng）：通"恭"，恭顺。
⑧ 百里：许国官员。
⑨ 许叔：许庄公的弟弟。
⑩ 一二父兄：一些同姓群臣。
⑪ 共亿：相安。
⑫ 抚柔：安抚。

祸于许，无宁兹许公复奉其社稷①，唯我郑国之有请谒②焉，如旧昏媾③，其能降以相从也。无滋④他族实逼处此，以与我郑国争此土也。吾子孙其覆亡之不暇⑤，而况能禋祀⑥许乎？寡人之使吾子处此，不惟许国之为，亦聊以固吾圉⑦也。"乃使公孙获处许西偏，曰："凡而器用财贿，无置于许。我死，乃亟⑧去之。吾先君新邑于此，王室而既卑矣，周之子孙日失其序。夫许，大岳⑨之胤⑩也。天而既厌周德矣，吾其能与许争乎？"

君子谓郑庄公"于是乎有礼。礼，经国家，定社稷，序人民，利后嗣者也。许无刑而伐之，服而舍⑪之，度德而处之，量力而行之，相时而动，无累后人，可谓知礼矣"。

从郑庄公对公孙获的叮嘱中可以看出，郑庄公已经敏锐察觉到所处时代与过去的不同，表现出对未来的担忧。

作者在总结了郑庄公对许国采取的一系列措施后，认为他的做法是符合"礼"的。

① 社稷：代指国家。
② 请谒：请求。
③ 昏媾（gòu）：通婚，联姻。"昏"，通"婚"。
④ 无滋：不要。
⑤ 不暇：顾不上，没有空闲。
⑥ 禋（yīn）祀：祭祀天神的仪式。
⑦ 圉（yǔ）：边境。
⑧ 亟：赶快，立即。
⑨ 大（tài）岳：上古时期部落首领，尧时四岳之一。
⑩ 胤（yìn）：后代。
⑪ 舍：宽恕。

郑庄公戒饬守臣

左传

《见·其·译》

隐公十一年秋七月，鲁隐公与齐僖公以及郑庄公会合，三方决定一同讨伐许国。等到了七月初一这天，三国联军浩浩荡荡，逼近了许国的都城。战斗开始，郑国官员颖考叔奋勇当先，高举着郑庄公的"蝥弧"旗帜，率先登上了许都城头。而联军里与颖考叔有仇怨的子都看见对方立功后，竟然毫不犹豫地拉弓搭箭，在城下射他。颖考叔猝不及防，不幸中箭，失足跌落城头。紧接着，郑国官员瑕叔盈又举起"蝥弧"旗登上城墙，挥舞着旗帜，大声向周围呼喊："郑国的国君登城了！"很快，郑军尽数登城。经过几天鏖战，在初三这天，郑军攻入许都，许庄公见大势已去，只得仓皇逃到卫国避难。战后，齐僖公打算把许国交给鲁隐公管理，鲁隐公说："您说许国不履行应尽的责任，所以我才跟随您一起讨伐它。如今许国已经受到应有的惩罚。您虽然有命令，但我不敢参与这件事。"于是，他们把许国交给了郑国。

郑庄公让许国官员百里辅佐许庄公的弟弟许叔，让他住在都城东边偏远处，还义正词严地对百里说："攻打许国不是我的本意，上苍降下灾祸给许国，鬼神也对许国国君感到不满，这才借助我的手来惩罚。我麾下少数的几个同姓之臣尚且做不到彼此相安，又岂敢以打败许国作为自己的功劳呢？我有个一母同胞的弟弟，都没办法和谐相处，导致他到处奔波求食，又怎么能长久地占据许国呢？我希望您能辅佐许叔来安抚许国的百姓，我会派公孙获来协助您。如果将来我可以寿终正寝，长眠于地下，而上苍又能施恩撤回之前对许国降下的灾祸，那么我会让许国国君回来重新主持国政。希望到那时，如果我们郑国有所请求，许国可以像对待那些世代通婚的亲戚一样，可以屈尊降贵给予我们照顾。不要让其他国家趁机占据此处，和我们郑国来争夺这里。否则我的子孙后代连自己的安危都顾不上，哪里还能顾及许国，为许国祭祀宗庙、先祖呢？我让您留在这里，不光是为了许国的安危，也是为了保障郑国的边境啊。"郑庄公又派公孙获驻守在都城西边偏远处，并对他说："不要把你的财产放到许国。等我死后，你就赶紧离开这里。先君建立郑

你们不要过来呀……

国的时间还不长，如今王室的地位又日渐衰微，周朝的子孙相互征伐，秩序逐渐混乱。而许国是太岳的后代。既然上苍已经厌恶周朝，我怎么还可以与许国争斗呢？"

君子觉得郑庄公"在这件事中的做法合乎礼法的规范。所谓礼，是治理国家，安定江山社稷，令国人尊卑有序，为子孙后代谋取福利。许国不遵循法度就去讨伐它，等到降服后就宽恕它。准确估量自己的德行去处理问题，衡量自己的力量再去做事，等看准有利时机再采取行动，又不累及后人，就可以算得上懂得礼了"。

饬（chì） 庚（gēng） 蝥（máo） 弧（hú） 麾（huī）
壬（rén） 逞（chěng） 谒（yè） 媾（gòu） 圉（yǔ）

《 特·殊·句 》

◆ **判断句**

夫许，大岳之胤也。

主语是许，夫字是助词，放于句首，有提示作用。

◆ **省略句**

壬午，遂入许。（省略主语）

原句应为："壬午，（郑庄公）遂入许"。

◆ **成语积累**

明枪易躲，暗箭难防： 表面的攻击容易应对，暗中的伤害难以防备。

度德量力： 衡量自己的品德能否服人，估算自己的能力能否胜任。

降心相从： 委屈自己去服从别人。

相时而动： 观察好时机，再根据具体状况来行动。

◆ **知识点**

　　《郑庄公戒饬守臣》中提到，颍考叔在率先登城后，被子都，即公孙阏（è），暗箭射死，这是为什么呢？其实，两人的矛盾在《左传·隐公十一年》里有揭示："公孙阏与颍考叔争车，颍考叔挟辀以走，子都拔棘以逐之，及大逵，弗及，子都怒。"

　　这段话的意思是说：子都和颍考叔因为战车发生争执，结果子都没争过颍考叔，因此怀恨在心。

郑庄公戒饬守臣

左
传

臧哀伯①谏纳郜鼎

《知·历·史》

　　公元前 710 年，宋国重臣华督垂涎同僚孔父嘉妻子的美色，准备杀人夺妻。在行动前，华督为了争取舆论支持，故意散播谣言，说国君之所以连年发动战争，害得国内民不聊生，就是因为受到了孔父嘉的蛊惑。然后，华督动手杀死了孔父嘉，强占了他的妻子。国君宋殇公知道这件事后，十分生气，华督恐惧之下，一不做二不休，干脆把宋殇公也杀死，另外扶植宋庄公上位。华督担心其他诸侯国会讨伐自己，于是贿赂各国。其中，鲁桓公接受了华督送来的郜鼎，并把它安置在太庙。官员臧哀伯认为这件事有违礼法，对国家不利，于是劝谏鲁桓公，但鲁桓公并没有听从。后来，臧哀伯劝谏的行为被记载下来，就成了我们现在看到的这篇《臧哀伯谏纳郜鼎》。

---

① 臧哀伯：鲁桓公时期的官员，臧僖伯的儿子。

求助，大家给个意见。

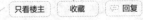

鲁桓公

如题，华督送我一尊大鼎，你们觉得放哪里合适？太庙怎么样？

华督

您喜欢就好。另外到时候希望您可以高抬贵手，网开一面。

臧哀伯

国君，太庙是供奉祖先的地方，您怎么能把赂器堂而皇之地放在那里呢？

@华督 你这个无父无君的奸佞！将来一定不会有好下场的！

夏四月，取郜①大鼎于宋。纳于大庙②，非礼也。

臧哀伯谏曰："君人者，将昭德塞违，以临照百官，犹惧或失之，故昭令德以示子孙。是以清庙③茅屋，大路越席，大羹④不致，粢食⑤不凿，昭其俭也。衮、冕、黻、珽⑥，带、裳、幅、舄⑦，衡、紞、纮、綖⑧，昭其度也。藻、率、鞞、鞛⑨，鞶、厉、游、缨⑩，昭其数也。火、龙、黼、黻⑪，昭其文也。五色比象，昭其物也。钖、鸾、和、铃⑫，昭其声也。三辰旂⑬旗，昭其明也。夫德，俭而有度，登降⑭有数，文物以纪之，声明以发之，以临照百官，百官于是乎戒惧，而不敢易纪

臧哀伯在劝谏鲁桓公时，并没有直接指出"纳鼎"的错误，而是委婉地从国君职责角度出发，以期能够"敲山震虎"。

臧哀伯从礼法的角度出发，用七个排比句，从七个方面阐述身为国君该如何履行职责。

① 郜（gào）：周代的诸侯国。
② 大（tài）庙：指太庙，祭祀祖先的场所。这里指鲁国始祖周公之庙。
③ 清庙：太庙，祖庙。因其肃穆清净得此名。
④ 大（tài）羹：古代祭祀使用的肉汁。
⑤ 粢食（zī sì）：祭祀的贡品，以黍、稷制作的食物。
⑥ 衮（gǔn）、冕、黻（fú）、珽（tǐng）：祭祀用的礼服、冠冕、蔽膝、玉笏。
⑦ 带、裳、幅（bī）、舄（xì）：腰带、下衣、绑腿、靴子。
⑧ 衡、紞（dǎn）、纮（hóng）、綖（yán）：固定发髻的横簪、帽子的填绳、冠冕带子、帽饰。
⑨ 藻、率（lù）、鞞（bǐng）、鞛（běng）：玉垫、佩巾、刀鞘、刀饰。
⑩ 鞶（pán）、厉、游、缨：束衣绳带、下垂的带子、旗帜饰物、马鞍。
⑪ 火、龙、黼（fǔ）、黻（fú）：指古代礼服上的花纹图案。
⑫ 钖（yáng）、鸾、和、铃：系在马、车以及旗帜上的各种铃铛。
⑬ 旂：有龙形图案、挂着铃铛的旗帜。
⑭ 登降：增减。登为增，降为减。

律^①。今灭德立违，而置其赂器于大庙，以明示百官，百官象^②之，其又何诛^③焉？国家之败，由官邪也；官之失德，宠赂章也。郜鼎在庙，章孰甚焉？武王克商，迁九鼎^④于雒邑^⑤，义士犹或非之，而况将昭违乱之赂器于大庙，其若之何？"公^⑥不听。

周内史闻之，曰："臧孙达^⑦其有后于鲁乎！君违，不忘谏之以德。"

哎呀，我写得真不错！

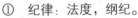

① 纪律：法度，纲纪。
② 象：效法，模仿。
③ 诛：责罚，惩罚。
④ 九鼎：九只大鼎，传说由大禹所造，象征九州。
⑤ 雒邑：指"洛邑"，东周都城所在。
⑥ 公：指鲁桓公。
⑦ 臧孙达：指臧哀伯。

孟夏时节，鲁桓公从宋国获得了原本属于郜国的大鼎。鲁桓公把大鼎放置在祭祀鲁国先祖的太庙中。然而，这种行为在当时并不符合礼制。

鲁国官员臧哀伯劝谏鲁桓公说："您身为一国之君，应该发扬德行，拒绝各种违礼的行为，用国君的威仪为大臣们做表率，也要时刻关注自己还有哪里不足，彰显各种美德晓示子孙后代。这才是遵循礼的表现。所以宗庙用茅草搭建，大车用蒲草作垫子，祭祀用的肉汁不放调料，黍稷、糕饼之类的祭品用的不是舂过的精米，这样做是为了表明节俭。祭祀用的礼服、冠冕、蔽膝、

这鼎可不能收啊！

玉笏，腰带、下衣、绑腿、靴子，固定发簪的横簪、帽子的瑱绳、带子、帽饰，是为了表示等级制度；玉垫、佩巾、刀鞘、刀饰、束衣绳带、下垂的带子、旌旗的饰物、马颈的绳带，是为了表示尊卑等级；礼服上火、龙、斧、弓之类的图案，这些是用来表示贵贱的花纹；使用五色画出各种图像来装饰物品服装，是为了表明车服器械的颜色。而马铃、大小不一的车铃以及旗铃，是为了表明各种声音。旌旗表面涂绘的日月星图案，是为了表现光明。所谓的德行，就是要保持节俭而有限度，增减事物有节度，所有这一切，都要形成典章制度，把它记录下来，并公开地发布出去，将这些展现给大臣们，他们才会感到警戒畏惧，从而不敢违反法度。如今国君您要做败坏道德、违反礼法的事情，把别国贿赂您的郜鼎放到太庙里，把它展示给大臣们。如果大臣们都去效仿这种做法，国君该用什么理由去惩罚他们呢？国家的衰亡，就是从官员们走向邪路开始。大臣们没了德行，是因为国君的宠信以及贿赂风行。您把郜鼎放到鲁国的太庙里，还有什么比这更明显的受贿行径呢？追忆当初，周武王兴兵讨伐无道的商朝，成功打败对方后，想把大禹留下的九鼎搬到都城，尚且还有义士批评他，更何况现在要把象征违礼作乱的贿赂之物放到太庙里，这怎么能行呢？"然而，鲁桓公对臧哀伯的这番话不屑一顾，并没有听从对方的劝谏。

周朝的内史听说了这件事，说："臧孙达在鲁国一定会后继有人吧！君主违背礼制，他都没忘记用德行来劝谏。"

《疑·难·字》

郜（gào）　羹（gēng）　粢（zī）　衮（gǔn）　冕（miǎn）

黻（fú）　珽（tǐng）　舄（xì）　紞（dǎn）　纮（hóng）

綖（yán）　鞞（bǐng）　鞛（běng）　鞶（pán）　缨（yīng）

黼（fǔ）　钖（yáng）　鸾（luán）　旂（qí）　雒（luò）

《特·殊·句》

◆ **倒装句**

<u>不忘谏之以德。</u>（状语后置）

原句语序应是"不忘以德谏之"，状语后置。

◆ **判断句**

<u>纳于大庙，非礼也。</u>

在句末用"也"字收尾，表示判断。

◆ **省略句**

<u>大羹不致，粢食不凿，昭其俭也。</u>（省略定语）

原句应为："（祭祀用的）大羹不致，（祭祀用的）粢食不凿，昭其俭也"。

◆ **知识点**

鲁桓公收到的大鼎明明来自宋国，为什么叫郜鼎呢？

　　郜鼎是周代诸侯国郜国的传国重器。春秋早期郜国就被宋国攻灭，成为宋国的一个城池，郜鼎也被宋国抢走。公元前713年，齐、鲁、郑三国联军打败宋国，郑国攻克了郜城和防城并把它们送给了鲁国。但这时的鲁国显然没有得到郜鼎，否则也不会有几年后鲁桓公"纳郜鼎"事件了。宋国用郜鼎贿赂鲁国，有承认鲁国对郜地的合法所有权之意。

臧哀伯谏纳郜鼎

左传

37

曹刿论战

《知·历·史》

公元前686年，齐襄公被暗杀。流亡在外的公子纠和公子小白得到消息，各自快马加鞭赶回齐国。这是一场速度之争，谁先回国，谁就可能是下一任齐国君主。鲁国是公子纠的支持者，不仅一路派兵护送，还在途中伏击公子小白。没想到，公子小白诈死，并且率先回国，继承君位，他就是齐桓公。鲁国的作为，给了齐桓公出兵征讨的借口。公元前684年齐鲁战于长勺。两国实力悬殊，而在"长勺之战"中，鲁国却因为曹刿指挥有方，后发制人，取得了胜利。《曹刿论战》讲述的就是曹刿在长勺之战中的一番作为。

‹ 齐鲁一家亲 •••

群主 **齐桓公**

公子小白更名为齐桓公

姬同，下月长勺约战，齐国必横扫你鲁国。@鲁庄公

鲁庄公

舅舅，都是实在亲戚，何至于此啊！

群主 **齐桓公**

是你负我在先，不必多言！

曹刿加入群聊

"曹刿"与群里其他人都不是朋友关系，请注意隐私安全。

曹刿

@鲁庄公 大王别怕，我来了！

群主 **齐桓公**

你是谁？

曹刿

说了你可能不信，我乃文王后代。

鲁庄公邀请曹刿私聊

十年春，齐师伐我。公将战，曹刿①请见。其乡人曰："肉食者②谋之，又何间焉？"刿曰："肉食者鄙③，未能远谋。"乃入见。问："何以④战？"公曰："衣食所安，弗敢专也，必以分人。"对曰："小惠未遍⑤，民弗从也。"公曰："牺牲⑥玉帛，弗敢加也，必以信。"对曰："小信未孚，神弗福也。"公曰："小大之狱，虽不能察，必以情。"对曰："忠之属⑦也。可以一战。战则请从。"

公与之乘，战于长勺。公将鼓之。刿曰："未可。"齐人三鼓。刿曰："可矣。"齐师败绩⑧。公将驰⑨之。刿曰："未可。"下视其辙，登轼而望之，曰："可矣。"遂逐齐师。

既克⑩，公问其故。对曰："夫战，勇气也。一鼓作气⑪，再而衰，三而竭。彼竭我盈，故克之。夫大国，难测也，惧有伏焉。吾视其辙乱，望其旗靡⑫，故逐之。"

这两句话言简意赅，表明曹刿很有见识，同时也反映了他责任心强、爱国的性格特征。

战争的胜利与否，关键在于人心向背。作者通过这一观点和主张，既为后文鲁国取得胜利做了铺垫，又从侧面再一次表明了曹刿富有远见。

作者用"未可""可矣"两句简短的话语烘托了战场剑拔弩张的气氛，以及曹刿冷静沉着的作战心态。

第三段是整篇文章的点睛之笔。在此段文字中，作者层层递进，用补叙笔法讲明了曹刿为什么能指挥鲁军取得战争胜利，详细阐述了曹刿在作战方面的战略思想以及见解。

① 曹刿：春秋时鲁国大夫，著名军事家。
② 肉食者：即食肉者，指做官有俸禄的人，这里指当权者。
③ 鄙：浅陋，目光短浅。
④ 以：凭借，依靠。
⑤ 遍：遍布，普及。
⑥ 牺牲：祭祀用的纯色全体牲畜。
⑦ 属：类。
⑧ 败绩：大败。
⑨ 驰：驱车追赶。
⑩ 既克：战胜齐军后。既，已经。
⑪ 一鼓作气：第一次击鼓能够鼓起士气。作，鼓起。
⑫ 靡（mǐ）：倒下。

曹刿论战

左传

《见·其·译》

鲁庄公十年的春天，齐军攻打鲁国，鲁庄公准备迎战。曹刿请求拜见鲁庄公。他的同乡说："当权的人自会谋划这件事，你又何必参与呢？"曹刿说："当权的人往往目光短浅，不能深谋远虑。"于是入朝去见鲁庄公。曹刿问鲁庄公说："您凭什么与齐国作战呢？"鲁庄公说："衣服和食物这些用来安身的东西，我从来不敢独自专有，一定把它们分给别人。"曹刿回答说："这种小恩小惠不能遍及百姓，老百姓是不会跟从您的。"鲁庄公说："祭祀用的猪牛羊和玉器、丝织品等祭品，我从来不敢虚报夸大数目，一定对上天说实话。"曹刿说："小小信用，不能取得神灵的信任，神灵是不会保佑您的。"鲁庄公说："大大小小的诉讼案件，虽然不能一一明察，但我一定根据实情合理裁决。"曹刿回答说："您这才是尽心尽力为百姓办事，可以凭此打一仗。如果作战，请允许我跟随您一同去。"

大王，我的计策是这样的……

到了那一天，鲁庄公和曹刿同乘一辆战车，在长勺与齐军交战。鲁庄公要下令击鼓进军。曹刿说："现在不行。"等到齐军三次击鼓之后，曹刿说："现在可以击鼓了。"齐军大败。鲁庄公准备下令驱车追击。曹刿说："还不行。"他下了战车，察看齐军车轮碾出的痕迹，又登上战车，扶着车前横木远望齐军，说："可以追击了。"鲁军这才追击败逃的齐军。

打了胜仗后，鲁庄公问曹刿战场上那样指挥的原因。曹刿回答说："作战靠的是士气。第一次击鼓，能够振作将士们的士气。第二次击鼓，将士们的士气就有所衰落了。第三次击鼓，将士们的士气就差不多耗尽了。当时，齐军的士气竭尽而我军的士气正旺盛，所以能战胜他们。像齐国这样的大国，他们的情况是很难预料的，我怕他们有埋伏。后来看到齐军车轮的痕迹混乱，眺望他们的旗帜倒伏，所以才下令追击。"

《 疑 · 难 · 字 》

刿（guì）　　间（jiàn）　　鄙（bǐ）　　帛（bó）　　孚（fú）

驰（chí）　　辙（zhé）　　轼（shì）　　竭（jié）　　靡（mǐ）

《 特 · 殊 · 句 》

◆ **倒装句**

何以战？（宾语前置）

原句语序应为"以何战"，介词"以"的宾语"何"前置。

战于长勺。（状语后置）

原句语序应为"于长勺战"，状语后置。

◆ **省略句**

对曰："小惠未遍，民弗从也。"（省略主语）

原句应为"（曹刿）对曰：'小惠未遍，民弗从也'"。

一鼓作气，再而衰，三而竭。（省略动词）

原句应为"一鼓作气，再（鼓）而衰，三（鼓）而竭"。

《 词 · 类 · 活 · 用 》

小信未孚，神弗福也（福：赐福，保佑。名词作动词。）

忠之属也（忠：尽力做好分内的事情。形容词作名词。）

公将鼓之（鼓：击鼓。名词作动词。）

◆ **成语积累**

一鼓作气：趁着劲头大的时候，一口气把工作做完。

再衰三竭：力量一再消耗，战斗力越来越弱。

辙乱旗靡：车辙错乱，旗子倒下，形容军队败逃。

彼竭我盈：敌方的勇气已经丧失，我方的士气正高涨。

季梁[1] 谏追楚师

《知·历·史》

楚武王继位后，大肆东征西讨，吞并了许多小国家，令周边诸侯"人人自危"，隐隐有了守望相助的苗头，楚国向汉水以东扩张势力遂屡不得志。公元前706年，楚武王派兵入侵汉东诸国中实力较强的随国，意图敲山震虎。楚国大臣斗伯比建议武王示敌以弱，使随国放松戒备，楚武王答应了。当随国使臣见到楚国"弱小"的军阵后，心生不屑，劝说随国国君立刻出兵。随国大臣季梁察觉其中有诈，劝谏随侯不要上当。最后随侯听从了季梁的劝谏，避免了失败。《季梁谏追楚师》讲述的就是季梁的谏言以及政治主张。

---

[1] 季梁：随国官员。

‹ 随国大家庭　　　　　　　　　　 • • •

随侯

楚人来势汹汹，难道是天要亡我随国社稷吗？

少师

国君莫慌，我观那楚军老弱，明日只需我阵前一席话，管叫那楚王拱手而降，楚军不战自退。

季梁

住口！无耻老贼！国君，这都是楚人套路啊！您要是真信了，我随国危矣！

随侯

季梁说得有道理啊！

季梁谏追楚师

左传

《品·原·文》

　　楚武王①侵随，使薳章②求成焉，军于瑕以待之。随人使少师③董④成。斗伯比⑤言于楚子曰："吾不得志于汉东⑥也，我则使然。我张吾三军，而被吾甲兵，以武临之，彼则惧而协以谋我，故难间也。汉东之国，随为大。随张，必弃小国。小国离，楚之利也。少师侈⑦，请羸⑧师以张之。"熊率且比⑨曰："季梁在，何益？"斗伯比曰："以为后图，少师得其君。"王毁军而纳少师。

　　少师归，请追楚师，随侯将许之。季梁止之曰："天方授楚，楚之羸，其诱我也，君何急焉？臣闻小之能敌大也，小道大淫⑩。所谓道，忠于民而信于神也。上思利民，忠也；祝史⑪正辞⑫，信也。今民馁⑬而君逞欲，祝史矫⑭举以祭，臣不知其可也。"公曰："吾牲牷⑮肥腯，粢⑯盛丰备，何则不

① 楚武王：名熊通，楚国第十七代国君。
② 薳（wěi）章：楚国官员。
③ 少师：官职名称。
④ 董：主持。
⑤ 斗伯比：楚国官员。
⑥ 汉东：指汉水以东的国家。
⑦ 侈：骄傲自大。
⑧ 羸：弱小。
⑨ 熊率（lù）且（jū）比：楚国官员。
⑩ 淫：过度，过分。
⑪ 祝史：主持祭祀祈祷的官员。
⑫ 正辞：如实讲述，言辞不虚妄。
⑬ 馁（něi）：饥饿。
⑭ 矫：假。
⑮ 牲牷：纯色且完整的牛、羊、猪。
⑯ 粢：黍、稷之类的谷物。

斗伯比寥寥几句，就提出了打败随国的策略，烘托出斗伯比足智多谋、老谋深算的形象。

这句话充分展现了季梁的冷静睿智，对他的性格特征进行了初步刻画。

信？”对曰：“夫民，神之主也，是以圣王先成民而后致力于神。故奉牲以告曰‘博硕肥腯①’，谓民力之普存也，谓其畜之硕大蕃滋②也，谓其不疾瘯蠡③也，谓其备腯咸有也。奉盛以告曰‘洁粢丰盛’，谓其三时④不害而民和年丰也。奉酒醴⑤以告曰‘嘉栗旨酒’，谓其上下皆有嘉德而无违心也。所谓馨香⑥，无谗慝⑦也。故务其三时，修其五教⑧，亲其九族⑨，以致其禋祀⑩。于是乎民和而神降之福，故动则有成。今民各有心，而鬼神乏主，君虽独丰，其何福之有？君姑修政而亲兄弟之国，庶免于难。”随侯惧而修政，楚不敢伐。

季梁的论述全程围绕"民为神主"展开，充分阐释自己的思想，反映了春秋时期有远见的政治家对于民和神关系的一种新的进步主张。

季梁在谏言结尾，对前面所叙述的内容进行了总结，同时给了随侯建议：只有内勤国政，外和诸国，才能保证随国的安全。

① 博硕肥腯：高大肥硕，膘肥体壮。
② 蕃滋：指繁殖。
③ 瘯蠡：牲畜所患的一种皮肤疾病。
④ 三时：指春、夏、秋三季。
⑤ 醴（lǐ）：甜酒。
⑥ 所谓馨香：指祭品芳香远闻。古人认为祭品的香味与祭祀者的德行有关。
⑦ 慝（tè）：邪恶。
⑧ 五教：指父义、母慈、兄友、弟恭、子孝。
⑨ 九族：说法不一。一说上自高、曾、祖、父辈，下至子、孙、曾、玄辈，再加上本身；也有父族四代，母族三代，妻族两代的说法。这里泛指家族，亲族。
⑩ 禋（yīn）祀：祭天的仪式。

《见·其·译》

楚武王兴兵进攻随国，派大夫薳章作为使臣去随国议和，然后把大军驻扎在瑕地等待消息。随国人派少师去主持和谈。楚国官员斗伯比对楚武王说："我们在汉水之东的扩张屡不得志，其实是我们自己导致的。我国大肆扩军，锻造甲兵，以强盛的军队力压汉东诸国，导致它们因为畏惧而走向联合来对抗楚国，所以难以离间。如今，汉东诸国中，随国是大国，只要随国高傲起来，一定会轻慢周边小国。小国与随国离心，对我大楚有利。随国来的少师性格向来自大，等他来了以后，请让我们的军队假装疲弱，以助长他的骄纵之气。"楚国大夫熊率且比说："随国有季梁在，这样做有什么用呢？"斗伯比说："这个以后再想办法对付，现在少师正得随侯信任。"于是，楚王故意使军容不整，迎接少师的到来。

少师回国后，认为楚国不足为惧，向随侯请求立刻派兵追击楚军。随侯听后，打算答应他。季梁赶紧劝阻随侯说："上苍正在帮助楚国，楚军摆出一副羸弱的姿态，多半是想引诱我们。您何必急于派兵呢？臣听说小国之所以能对抗大国，重点在于小国有道义，而大国暴虐。所谓的道义，就是忠于百姓，对鬼神虔诚。国家上层能考虑到有利于百姓，就是忠；管理祭祀的官员能不欺瞒鬼神，就是信。如今百姓饿着肚子，而国君放纵欲望，管理祭祀的官员虚报功德来告祭鬼神，臣实在不知道这样的小国有什么能力抗衡大国。"随侯听后，反驳说："我用来祭祀的牲畜都毛色纯正、膘肥体壮，供品谷物也都丰盛齐全，怎么就不诚信了？"季梁回答说："百姓才是神的主人。因此圣明的国君都懂得先把百姓的事情办好，然后再去竭力供奉鬼神。所以祭祀供奉牲畜时告祭鬼神说'牲畜高大肥壮'，意思是说民力都很富足，喂养的牲畜高大肥壮，繁殖快，没有疥癣之类的疾病，各类优良品种兼备无缺；供奉谷物时告祭说'谷物干净又丰富'，意思是说春、夏、秋三季都没有自然灾害影响农业，且百姓生活和谐，收成丰盛；供奉甜酒告祭说'米好酒香'，是说从贵族到百姓都有良好的德行，没有背德的想法。所谓馨香，就是没有诬陷人的坏话和邪恶的心思。因此，百姓

可以专心致力于农事，讲明教化，亲和亲族，用这些来虔诚地告祭祖先鬼神。这样一来，百姓间友好相处，鬼神也会降下福祉，做什么事都会取得成就。如今，百姓各有心思，使鬼神缺少主人，您虽然自己的祭品很丰盛，又怎能求得鬼神降福呢？您还是处理好国政，亲近同宗的兄弟之国，或许可以免于灾难。"随侯听完以后感到很害怕，于是整顿国政，楚国也不敢来攻打了。

国君还是先加强自身能力吧。

《疑·难·字》

蒍（wěi）　侈（chǐ）　羸（léi）　馁（něi）　牷（quán）

腯（tú）　粢（zī）　瘯（cù）　愿（tè）　禋（yīn）

《特·殊·句》

◆ 判断句

夫民，神之主也。

在句末用"也"字收尾，表示判断。

所谓道，忠于民而信于神也。

在句末用"也"字收尾，表示判断。

《词·类·活·用》

军于瑕以待之（军：驻扎，驻军。名词作动词。）

◆ 知识点

　　在《季梁谏追楚师》一文中，"夫民，神之主也"是全篇的主旨，同时也被后人认为是民本思想的萌芽。要知道，在两千多年前的春秋时期，祭祀鬼神与战争是并列为国家头等大事的。但是季梁认为，百姓才是主体，鬼神是附属，国君应该先为百姓谋利，再去处理祭祀鬼神的事宜，民与神的关系发生了变化。事实上，在《左传》中，类似的思想很常见。比如：

　　民，神之主也。用人，其谁飨之？——《左传·僖公十九年》

　　苟利于民，孤之利也。——《左传·文公十三年》

　　养民如子，盖之如天，容之如地。——《左传·襄公十四年》

季梁谏追楚师

左传

齐桓公伐楚盟屈完

《 知·历·史 》

　　春秋早期，强大的齐国称霸中原。南方渐渐兴起的楚国很不服气，经常北上袭扰依附齐国的小国，因此两个大国的关系很紧张。公元前656年，齐桓公为了报复蔡国国君把蔡姬改嫁的事情，联合其他国家一起讨伐蔡国。打败蔡国后，齐桓公志得意满，趁着大胜之威，挥师讨伐和蔡国接壤、与自己向来不对付的楚国。面对突如其来的战争，楚国并没有惧怕，楚王派遣使臣与联军谈判，据理力争，让一时间找不到理由的联军暂时罢手，后来又派大臣屈完去和齐桓公谈判，最终双方罢战，订立盟约，联军退兵。这就是著名的"召陵之盟"。《齐桓公伐楚盟屈完》讲述的就是这段惊心动魄的历史。

楚成王
真是气死我了！齐侯真是欺人太甚！

屈完
大王何故这么生气？

楚成王
还不是那齐侯，说我没有按时向天子进贡包茅也就算了，还把昭王南征之死也怪到我头上！

屈完
真是欲加之罪，何患无辞啊！大王勿忧，一切包在我身上！

春，齐侯①以诸侯之师侵蔡②，蔡溃③，遂伐楚。楚子④使与师言曰："君处北海，寡人处南海，唯是风马牛不相及⑤也。不虞⑥君之涉吾地也，何故？"管仲⑦对曰："昔召康公⑧命我先君太公⑨曰：'五侯九伯⑩，女⑪实征之，以夹辅⑫周室。'赐我先君履⑬，东至于海⑭，西至于河⑮，南至于穆陵⑯，北至于无棣⑰。尔贡包茅⑱不入，王祭不共⑲，无以缩酒⑳，寡人是征㉑。昭王南征而不复，寡人是问。"对曰："贡之不入，寡君之罪也，敢不共给？昭王之不复，君其

理论上讲，齐挥师伐楚毫无理由可言，楚国使者用"风马牛不相及"表示楚国的疑惑。成语"风马牛不相及"便出自本篇。

管仲摆出召康公的遗命，为后文他列举伐楚理由做铺垫。

---

① 齐侯：指齐桓公。
② 蔡：蔡国。
③ 溃：溃败。
④ 楚子：楚成王。
⑤ 风马牛不相及：指齐、楚相距甚远，就像马、牛各不相干，即使走失，也不会跑到对方境内。
⑥ 不虞：没有想到。
⑦ 管仲：名夷吾，字仲，齐相，辅佐齐桓公。
⑧ 召康公：西周武王时期重臣。
⑨ 太公：指齐国开国君主姜太公吕望。
⑩ 五侯九伯：泛指天下诸侯。五侯，指公、侯、伯、子、男五等爵位。九伯，指九州之长。
⑪ 女：通"汝"，你。
⑫ 夹辅：左右辅助。
⑬ 履：指齐国可以征伐的范围。
⑭ 海：黄海和渤海。
⑮ 河：黄河。
⑯ 穆陵：古地名。
⑰ 无棣：古地名。
⑱ 包茅：成捆的青茅。青茅是一种带刺的草，古人用来滤酒。
⑲ 共：通"供"，供应。
⑳ 缩酒：滤酒成渣的做法。
㉑ 是征：因为这个问罪。是，这。征，问罪。

左传

问诸水滨！"师进，次于陉①。

夏，楚子使屈完②如师③。师退，次于召陵④。齐侯陈⑤诸侯之师，与屈完乘而观之。齐侯曰："岂不谷⑥是为？先君之好是继⑦，与不谷同好，何如？"对曰："君惠⑧徼福⑨于敝邑⑩之社稷，辱⑪收寡君，寡君之愿也。"齐侯曰："以此众战，谁能御之？以此攻城，何城不克？"对曰："君若以德绥⑫诸侯，谁敢不服？君若以力，楚国方城⑬以为城，汉水以为池⑭，虽众，无所用之。"

屈完及诸侯盟。

写作点睛：

人物的说话技巧是本文一大特色。齐相管仲一上来就提出伐楚的原因："贡之不入"和"昭王南征而不复"。楚使者以退为进即承认自己不向周王室进贡的过错，让对方的怒火消去一半；紧接着他以"昭王之不复，君其问诸水滨"回答第二个牵强附会的理由，可见他并不是一味服软，而是藏锋芒于言语间。

从"惠""徼福""敝邑""辱"等字词可以看出，面对志得意满的齐桓公，屈完展示的低姿态。

屈完一面倡导齐君以德义服众，一面强调楚国誓死抵抗的决心，刚柔并济，睿智严谨。

---

① 陉（xíng）：古代地名。
② 屈完：楚国官员。
③ 如师：到诸侯之师的驻地。
④ 召陵：古代地名。
⑤ 陈：摆开，陈列。
⑥ 不谷：不善之人，春秋时期诸侯的自称。
⑦ 继：继承。
⑧ 惠：表敬的副词，无意义。
⑨ 徼（yāo）福：求福。"徼"，通"邀"。
⑩ 敝邑：对自己国家的谦称。
⑪ 辱：屈辱，耻辱。
⑫ 绥：安抚。
⑬ 方城：山名，在淮水以南，长江、汉水以北，为楚与中原国家的边境地带。
⑭ 池：护城河。

　　鲁僖公四年的春天，齐桓公率领诸侯国的大军攻打蔡国，蔡国溃败后，联军又大举进攻楚国。楚成王派遣使臣来到诸侯军中，对齐桓公说："您住在北地，我住在南境，彼此毫无干系，就算马和牛走失了，也不会跑到对方的国土上。没想到您居然踏上了我们楚国的土地，请问这是什么原因呢？"管仲回答说："从前召康公命令我们先祖太公说：'天下的诸侯，你都有权力征伐他们，以便辅佐周王室。'召康公还赐给我们老祖宗征伐的范围：东到渤海和黄海，西至黄河，南到穆陵，北到无棣。你们没有按时进献应该进贡的包茅，让天子的祭祀供应不上，没有能用来滤酒去渣的东西，因此我特地来征收贡品；当初周昭王南征没有回国，我特地问这件事。"楚国使臣回答说："没有按时进献贡品，是我们国君的过失，我们怎敢不进贡呢？至于周昭王南征不返，您还是去汉水边问问吧。"诸侯军队又向前进发，驻扎在陉地。

　　到了夏天，楚成王又派屈完出使联军。此时，联军已经退驻到召陵。齐桓公让联军列好阵势，和屈完同乘战车检阅军容。齐桓公说："诸侯们的军队难道是为我来的吗？他们是为了延续自祖先时期建立的友好关系而来。你们不如与我们和好，怎么样？"屈完回答说："蒙您为我国谋福利，屈尊接纳我们国君做盟友，这正是我们国君的愿望。"齐桓公说："用这样的军队来作战，有谁能够抵御呢？用这些士兵攻城，有什么城池攻不下？"屈完回答说："如果您用德行、恩德来安抚诸侯，有谁敢不服从？如果您使用武力，那么楚国会把方城山当城墙，将汉水作为护城河，即使您的兵马再多，恐怕也派不上用场。"

最后，屈完代表楚国与诸侯国订立了和平盟约。

召（shào） 虞（yú） 棣（dì） 陉（xíng） 徼（yāo）

《特·殊·句》

◆ **倒装句**

岂不谷是为？（宾语前置）

原句语序应是"岂是为不谷"，"不谷"是宾语，"是"是宾语前置的标志。

先君之好是继。（宾语前置）

原句语序应是"是继先君之好"，"是"是宾语前置的标志。

◆ **省略句**

赐我先君履。（省略主语）

原句应为"（召康公）赐我先君履"。

《词·类·活·用》

唯是风马牛不相及也（风：跑掉，走失。名词作动词。）

楚子使与师言曰（使：派遣使者。名词作动词。）

赐我先君履（履：踩踏的地方，指齐国可以征伐的范围。动词作名词。）

◆ **成语积累**

风马牛不相及：比喻事物间彼此没有关系。

五侯九伯：泛指天下诸侯或权贵。

子鱼①论战

《知·历·史》

公元前643年，齐桓公去世，齐国陷入内乱，霸业终结。宋襄公因为帮齐国平定内乱，在诸侯间声名鹊起。志得意满的宋襄公效仿齐桓公会盟诸侯，却引起了齐孝公和楚成王的不满。楚成王直接在盟会上把宋襄公抓起来羞辱，在鲁国的调停下，才放了他。从此，宋襄公恨极了楚国。公元前638年宋国直接派兵攻打依附楚国的郑国，楚国出兵救援，宋楚两国在泓水（今河南柘城县北）交战。《子鱼论战》记述了宋楚泓水之战的始末，以及宋国重臣子鱼对这场战争的精辟论述，尤其是他对宋襄公迂腐论调的驳斥。

① 子鱼：指宋国重臣目夷，宋襄公的异母兄弟，官为司马。

‹ 军事思想交流群   •••

宋襄公加入群聊

宋襄公

各位，鄙人深耕军事领域多年，小有心得，编纂了一本《军事理论大全》，有想要的报名哈。

群主 楚成王
你大腿中过箭。

宋襄公
……我认为真正的战争应该高举仁义大旗……

群主 楚成王
你大腿中过箭。

宋襄公
……提倡仁义治军……

子鱼
国君，您能不丢人了吗？

宋襄公退出群聊

楚人伐宋以救郑。宋公①将战，大司马固谏曰："天之弃商②久矣，君将兴之，弗可赦也已。"弗听。

及楚人战于泓③。宋人既成列，楚人未既济④。司马曰："彼众我寡，及其未既济也，请击之。"公曰："不可。"既济而未成列，又以告。公曰："未可。"既陈，而后击之，宋师败绩。公伤股⑤，门官⑥歼焉。

国人皆咎公。公曰："君子不重伤⑦，不禽二毛⑧。古之为军也，不以阻隘也。寡人虽亡国之余，不鼓不成列。"子鱼曰："君未知战。勍⑨敌之人，隘而不列，天赞我也；阻而鼓之，不亦可乎？犹有惧焉。且今之勍者，皆吾敌也，虽及胡耇⑩，获则取之，何有于二毛？明耻，教战，求杀敌也。伤未及死，如何勿重？若爱重伤，则如勿伤；爱其二毛，则如服焉。三军以利用也，金鼓以声气也。利而用之，阻隘可也；声盛致志，鼓儳⑪可也。"

① 宋公：指宋襄公。
② 商：指宋。因宋是商的后代，商亡于周，所以有此说。
③ 泓：泓水，古渔水的支流，故道在今河南省柘城县西北。
④ 济：渡河。
⑤ 股：大腿。
⑥ 门官：宋襄公的亲军卫队，平时给国君守门，出师则在国君左右护卫。
⑦ 重（chóng）伤：再次伤害已受伤的人。
⑧ 二毛：头发花白的人，代指老人。
⑨ 勍（qíng）：强劲，强大。
⑩ 胡耇（gǒu）：年纪很大的人。
⑪ 鼓儳（chán）：鸣鼓而进攻队伍混乱的敌人。

简述宋、楚泓水之战的过程。面对子鱼的请示，宋襄公表示"不可""未可"，其愚蠢、固执己见的形象跃然纸上。

这段话具体表现了宋襄公的迂腐、虚伪。既摆出上文"不可""未可"的理由，又为下文子鱼逐点反驳立下根据。

子鱼论战，先总说"君未知战"，后对宋襄公的辩解之词逐条驳斥，最后指出应于敌人处于不利情况下进击。寥寥数语，正面反面讲得很透彻。不但成功刻画了宋襄公的愚蠢、虚伪，而且反映了古代军事家要求抓住有利时机消灭敌人的优秀军事见解。

子鱼论战

左传

《见·其·译》

楚国为救援郑国攻打宋国。宋襄公将要迎战，大司马公孙固劝阻说："上天抛弃我们很久了，国君您想复国兴业，违背天命，是不可饶恕的。"宋襄公不听。

宋襄公和楚军在泓水交战。当时，宋国的军队已经列好阵势，楚国的兵马还没有全部渡过泓水。司马子鱼说："敌人兵力多，我们兵力少，趁他们现在还没完全渡河，请您下令进攻他们。"宋襄公说："不可以。"当楚军全部渡过泓水还没列好阵势时，司马子鱼又请求宋襄公下令进攻。但宋襄公仍旧说："不行。"等楚军列好阵势，宋襄公下令宋军攻击，宋军被打得大败。宋襄公的大腿受伤，卫队被全歼。

宋国的百姓都埋怨宋襄公。宋襄公说："君子不应该伤害已经受伤的人，不应该去擒拿头发斑白的老人。自古行军作战，都不在险地阻击敌军。我虽然是亡了国的商朝的后人，但也不会进攻没列好阵势的敌军。"司马子鱼说："国君不懂作战。

强劲的敌人因为地形险隘没有列好阵势，这是上苍在帮我们。此时难道不应该拦阻进攻他们吗？即便这样也有可能无法获胜。何况那些战斗力强的人，都是我们的敌人。就算遇到年老的人，也应该捉住俘虏对方，还管什么头发花白的人？让士兵懂得什么是耻辱，教导他们作战，为的是杀敌取胜。敌人受伤了但没有死，为什么不再去攻击他们呢？如果因为不忍心不再去杀伤敌人，还不如一开始就不伤害他们；怜悯年老的敌人，等同于屈服于他们。三军作战讲究抓住有利战机，鸣金击鼓用来鼓舞士气。当敌人处于困境时正好可以抓住机会进攻；我们的军队士气昂扬、声威浩荡时，攻击没有列好阵势的敌人，也是可以的。"

〖 疑 · 难 · 字 〗

咎（jiù）　隘（ài）　勍（qíng）　苟（gǒu）　儳（chán）

〖 特 · 殊 · 句 〗

◆ **倒装句**

及楚人战于泓。（状语后置）

原句语序应是"及楚人于泓战"，状语后置。

◆ **省略句**

既济而未成列。（省略主语）

原句应为"（楚军）既济而未成列"。

既陈，而后击之。（省略主语）

原句应为"（楚军）既陈，而后击之"。

〖 词 · 类 · 活 · 用 〗

不鼓不成列（鼓：击鼓。名词作动词。）

明耻，教战（明：使……懂得。使动用法。）

三军以利用也（利：指有利的战机。形容词作名词。）

金鼓以声气也（声：鼓舞，振作。名词作动词。）

◆ **知识点**

宋襄公为什么要坚持等到楚军全部渡河，再对战呢？

　　根据先秦兵书《司马法》记载，西周以及春秋早期，诸侯交战有一些基本的交战规则。比如"成列而鼓"，意思就是等双方列好阵势再对战。此外，还有"追击逃跑的敌人不能超过一百步，追踪主动退却的敌人不能超过九十里"等规则。

烛之武退秦师

《知·历·史》

公元前636年，流亡多年的晋国公子重耳回到晋国当了国君，即晋文公。晋文公志向远大，励精图治，很快把晋国打造成强国。公元前630年，为了打击之前拒绝伐卫、现又与楚国结盟的郑国，同时也为流亡时郑国无礼对待重耳一事讨回公道，晋国联合秦国围攻郑国。郑文公十分惶恐，大夫叔詹推荐佚之狐去游说秦国。佚之狐推辞并推荐了烛之武。于是烛之武趁着夜色来到秦国军营，向秦穆公分析利弊，成功使秦国放弃进攻郑国，还派兵保护郑国，从而迫使晋文公退兵。《烛之武退秦师》讲述的就是烛之武"孤身赴秦营，妙语退秦师"的一番表现及前因后果。

头版头条 爱看不看

烛之武：郑国城墙上缒下的漆黑魅影！

据线人亲眼所见，郑国名士烛之武于昨晚从城墙上被人用绳子绑着放了下来。烛之武想做什么？逃走吗？据可靠消息称，烛之武夜入秦营，会见了秦穆公。至于不久后秦军退兵，是否和这次夜谈有关，敬请等待后续报道。

路人甲日报

读者留言

晋文公：秦穆公，你这样子做让我好为难。

郑文公：烛之武，好样的！

《品·原·文》

晋侯、秦伯围郑，以其无礼于晋，且贰于楚也。晋军函陵，秦军氾南。

佚之狐①言于郑伯曰："国危矣。若使烛之武见秦君，师必退。"公从之。辞曰："臣之壮也，犹不如人；今老矣，无能为也已。"公曰："吾不能早用子，今急而求子，是寡人之过也。然郑亡，子亦有不利焉。"许之。

夜缒②而出，见秦伯，曰："秦、晋围郑，郑既知亡矣。若亡郑而有益于君，敢以烦执事。越国以鄙远，君知其难也，焉用亡郑以陪邻？邻之厚，君之薄也。若舍郑以为东道主，行李③之往来，共其乏困，君亦无所害。且君尝为晋君赐矣，许君焦、瑕，朝济而夕设版④焉，君之所知也。夫晋，何厌之有？既东封郑，又欲肆其西封。若不阙⑤秦，将焉取之？阙秦以利晋，唯君图之。"秦伯说，与郑人盟，使杞子、逢孙、杨孙戍之，乃还。

子犯请击之。公曰："不可，微夫人之力不及此。因人之力而敝之，不仁；失其所与，不知；以乱易整，不武。吾其还也。"亦去之。

开篇揭示了郑国被围的原因——"无礼于晋，且贰于楚也"，侧面揭示秦、郑之间没有直接矛盾，为后文烛之武说秦埋下伏笔。

作者只用了四个字"夜缒而出"，就充分描绘出郑国当时的危局。

烛之武一开始就指出消灭郑国对秦国无益，之后所有说辞都是围绕着这点进行的。

烛之武以一件往事，点明秦、晋之间貌合神离的合作关系，照应了开头（两国驻地相隔很远）。之后烛之武又设身处地为秦国考虑，认为晋国"何厌之有"，围攻郑国就是损害秦国自己的利益，句句发人深省。这都为后面的秦、郑结盟奠定基础。

① 佚之狐：郑国官员。
② 缒（zhuì）：用绳子绑住身子，从城墙上放下去。
③ 行李：外交使臣。
④ 版：打墙用的木板，这里指修筑防御工事。
⑤ 阙：损害。

　　由于郑国曾经对晋文公无礼，并且在从属于晋国的同时又依附楚国，晋文公于是与秦穆公联合起来，包围了郑国。晋军驻扎在函陵，秦军驻扎在氾水之南。

　　郑国大臣佚之狐对郑文公说："现在国家处于危难关头，如果派烛之武去求见秦穆公，秦军必定会撤退。"郑文公答应了。烛之武推辞说："我年轻力壮的时候，尚且比不上别人；如今年迈，没能力去做什么了。"郑文公说："我没能早点儿任用您，如今却因为事情紧急来求您，这是我的过错。然而郑国亡国，对您也有不利啊！"烛之武答应了。

　　夜晚，烛之武用绳子缚住身体被人从城墙上放下来，孤身来见秦穆公。见到秦穆公后，他说："秦国、晋国围攻郑国，郑国已经知道难逃亡国的结局。如果消灭郑国对您有益处，就麻烦你们进攻吧。越过别国把远方的土地作为边境，您想必也清楚这有多难，那为什么要消灭郑国来为邻国增加土地呢？邻国的国力变强大了，意味着您的力量变弱了。倘若您放弃攻打郑国，把我们当作东方道路上的主人，贵国使臣来来往往，郑国都可以为他们提供缺乏的物品，这对您也没什么不好的。况且您过去给予晋国国君恩惠，对方答应赠给您焦、瑕两地。然而晋国国君早上刚渡过黄河回国，晚上就筑城防御，这您也是了解的。晋国哪有满足的时候呢？如今它已经东边向郑国扩张领土，又想向西扩大地盘。假使不损害秦国的利益，它又到哪里去夺取土地呢？攻打郑国，会损害秦国而对晋国有利，所以还请您再好好考虑下这件事！"秦穆公赞同他的话，和郑国订立盟约，派杞子、逢孙、杨孙帮助郑国戍守，自己则返回了秦国。

烛之武退秦师

左传

晋国官员子犯请晋文公立刻下令追击秦军。晋文公说："不行！如果没有秦国的力量，我就不会有今天。借助他人的力量而又掉头伤害他，这是不仁义的；损失盟友，这是不明智的；用冲突代替和睦，这是不符合军事准则的。我们还是回去吧！"于是，晋军也撤离了郑国。

汜（fán） 佚（yì） 缒（zhuì） 杞（qǐ） 敝（bì）

《特·殊·句》

◆ **倒装句**

何厌之有？（宾语前置）

原句语序应是"有何厌"，"之"是宾语前置的标志。

以其无礼于晋，且贰于楚也。（状语后置）

原句语序应是"以其于晋无礼，且于楚贰也"，状语后置。

◆ **省略句**

若舍郑以为东道主。（省略代词）

原句应为"若舍郑以（之）为东道主"，省略了代词"之"。

◆ **判断句**

是寡人之过也。

语气词"也"来表示判断。

《词·类·活·用》

晋军函陵（军：驻扎。名词作动词。）

邻之厚，君之薄也（厚：变雄厚。薄：变薄弱。形容词作动词。）

◆ **知识点**

　　烛之武向秦穆公提到的"且君尝为晋君赐矣"，是怎么一回事呢？原来，晋献公死后，晋国发生内乱。在外流亡的公子夷吾认为这是个好机会，于是向秦穆公许诺，只要他肯送自己回国，等自己当上国君，一定会割地作为报答。秦穆公很高兴，派兵把夷吾送回国。夷吾当上了国君，即晋惠公。但晋惠公却背信弃义，并没有割地给秦国。

烛之武退秦师

左传

65

展喜①犒师

《知·历·史》

公元前634年，鲁国发生饥荒，民不聊生，国力迅速衰落。与鲁国相邻的齐国知道后，立刻出兵打算从鲁国那里捞些好处。消息传到鲁国后，鲁僖公惶恐不安，于是派展喜去犒劳齐军。展喜得到兄长展禽指点后，毫不畏惧地孤身赴齐营，直面霸道的齐孝公，靠着机智善辩，以大义凛然又委婉动听的言辞，令齐孝公不得不退兵回国，取得了外交上的重大胜利，解了国家的危难。《展喜犒师》讲述的就是展喜在与齐孝公斡旋时的一番表现。

---

① 展喜：鲁国官员。

‹ 以武会友　　　　　　　　　　　　　　　•••

群主 齐孝公

听说鲁国发生饥荒，我带兵来看你了。

鲁僖公

趁人之危……

群主 齐孝公

哎呀，不用心怀戒备，看在咱们祖先太公望和周公旦的面子上，相信我，我只是来看看鲁国的百姓，不会欺负你的。

鲁僖公

真的？那你立字据。

展喜

国君不要相信他的话，让臣展喜来会会齐侯！

齐孝公伐我北鄙①。公②使展喜犒师，使受命于展禽③。

齐侯④未入竟，展喜从之，曰："寡君闻君亲举玉趾⑤，将辱于敝邑，使下臣犒执事。"齐侯曰："鲁人恐乎？"对曰："小人恐矣，君子则否。"齐侯曰："室如县罄⑥，野无青草，何恃而不恐？"对曰："恃先王之命。昔周公、大公股肱⑦周室，夹辅成王，成王劳之，而赐之盟，曰：'世世子孙无相害也！'载在盟府，太师⑧职之。桓公是以纠合诸侯，而谋其不协，弥缝其阙，而匡救其灾，昭旧职也。及君即位，诸侯之望曰：'其率⑨桓之功！'我敝邑用不敢保聚，曰：'岂其嗣世九年⑩，而弃命废职，其若先君何？君必不然。'恃此以不恐。"齐侯乃还。

这段话表现了展喜面对齐孝公时的低姿态，呼应了上文的"犒师"。

展喜提出"小人"与"君子"之别，展现出他的目的不光是"犒师"。

这段话是全篇的重点。作者层层递进，步步为营，呈现了展喜这套外交辞令的"锋芒"。

① 鄙：边境，边邑。
② 公：指鲁僖公。
③ 展禽：展喜的兄长，名获。据传他食邑于柳下，谥为惠，故又称"柳下惠"。
④ 齐侯：指齐孝公。
⑤ 亲举玉趾：尊称别人举止的敬辞。趾，泛指脚。
⑥ 罄：一种中空的乐器。
⑦ 股肱（gōng）：大腿和胳膊，比喻得力辅臣。这里用作动词。
⑧ 太师：掌管国家典籍的官员。
⑨ 率：继承。
⑩ 嗣世九年：齐孝公于鲁僖公十八年（前642）即位，至僖公二十六年（前634）伐鲁，共九年。

展喜犒师

左传

《见·其·译》

　　齐孝公入侵鲁国北部边境。鲁僖公派展喜去犒劳齐军，并让他到展禽那里领受外交辞令。

　　齐孝公还没进入鲁国境内，展喜迎上去见他，说："我们国君听说您大驾光临，屈尊来到我们这个小地方，于是派我来犒劳您的侍从。"齐孝公说："鲁人害怕了吗？"展喜回答说："小人害怕，君子没有。"齐孝公说："你们的府库中空荡得像悬挂起来的罄一样，田野中连草都不长，凭什么不害怕？"展喜回答说："凭的是大周先王的遗命。从前周公与姜太公辅佐成王。成王为了慰劳他们，特地赐下盟约：'世世代代不可以相互伤害！'如今盟约藏在盟府，由太师管理。桓公因此聚集诸侯，弥补彼此关系的裂痕，救助他们的灾难，这些是为了发扬太公的职责。等到您继位，诸侯们期待地说：'他会继承桓公的功业！'鲁国因此不敢聚众守卫，说：'桓公的儿子继位九年，怎么会舍弃了遗命，荒废职责？君侯一定不会这样做。'就是倚仗这个才不会害怕。"齐孝公听后就退兵回国了。

您不是乘人之危的人。

犒（kào）　禽（qín）　罄（qìng）　肱（gōng）　嗣（sì）

《 特 · 殊 · 句 》

◆ **省略句**

使受命于展禽。（省略主语）

原句应为"（公）使受命于展禽"。

◆ **成语积累**

有恃无恐：因为有所倚仗，所以不感到害怕，敢于去做，敢于去挑战。

◆ **知识点**

　　本篇古文提到了展喜的兄长——展禽。他名"获"，字禽，又字季，春秋鲁国大夫。因其封地在柳下，死后谥为"惠"，所以人称"柳下惠"。僖公时任士师（管刑狱），曾三次被黜。他善于讲究贵族礼节。展禽品行高洁，有见女子不乱的品德，即便是孔子、孟子这样的大贤也对他称赞有加。

左传

展喜犒师

介之推^① 不言禄

《 知·历·史 》

晋献公晚年，爆发了著名的"骊姬之乱"。太子申生被逼自杀，公子夷吾、重耳逃出晋国。重耳和他的追随者在逃亡期间，吃不饱，穿不暖，好几次差点饿死在逃亡路上。有一次介之推悄悄割下自己大腿的肉，与野菜煮成肉汤给重耳充饥。重耳知道后，深受感动，向介之推许诺将来会重赏他。多年后，重耳回到晋国成为国君，封赏群臣时，唯独忘了不把功勋挂在嘴边的介之推。而介之推认为自己功劳微薄，重耳成为国君是上苍所定，自己当不得功，于是带着母亲归隐山林。本文通过介之推与母亲的一番话，表现了介之推耿介廉洁的情操。

---

① 介之推：又称介子推，晋国贵族，姓介，名推。之，为语助词。

❮ 忆苦思甜   •••

狐偃
看来国君很器重我们啊，这赏赐真是没得说。

壶叔
可是，国君是不是忘了介之推？

赵衰
你不说我也差点儿忘了，我们要不要提醒一下国君？

介之推
罢了，罢了，我已经决定归隐山林了。

介之推退出群聊

晋侯^①赏从亡者^②，介之推不言禄，禄亦弗及。

推曰："献公^③之子九人，唯君在矣。惠、怀^④无亲，外内弃之。天未绝晋，必将有主。主晋祀者，非君而谁？天实置之，而二三子^⑤以为己力，不亦诬乎？窃人之财，犹谓之盗，况贪天之功以为己力乎？下义其罪，上赏其奸，上下相蒙，难与处矣。"其母曰：

作者用"不言禄"三个字展现了介之推淡泊名利的人物形象。

介之推打算归隐的动机和心理都是用对话展现的，这令他的想法在读者面前一览无余，再一次深入刻画了介之推藐视富贵、高洁傲岸的形象。

荣华富贵，于我如浮云。

介之推不言禄

左传

① 晋侯：晋文公重耳。
② 从亡者：跟随一起逃亡的人。
③ 献公：指晋献公，晋文公的父亲。
④ 惠、怀：指晋惠公夷吾和晋怀公圉。
⑤ 二三子：那几个人，指跟随晋文公逃亡的大臣。

"盍亦求之。以死，谁怼^①？"对曰："尤而效之，罪又甚焉！且出怨言，不食其食。"其母曰："亦使知之，若何？"对曰："言，身之文^②也。身将隐，焉用文之？是求显也。"其母曰："能如是乎？与汝偕隐。"遂隐而死。

晋侯求之不获，以绵上^③为之田，曰："以志吾过，且旌^④善人。"

介之推母亲在全篇一共说了三次话。第一次是试探性的建议；第二次是确认儿子的想法；最后一次是确定了介之推的念头后，决定和儿子一起隐居。短短三句话，一位母亲不动声色、深邃智慧的形象跃然于纸上。

我愧对介之推啊！

① 怼（duì）：怨恨。
② 文：指装饰。
③ 绵上：古代地名。
④ 旌：表彰。

晋文公赏赐那些曾经跟着他一起逃亡的人。介之推不夸功、不求赏，晋文公也没有给他禄赏。

介之推说："献公一共有九个儿子，只有国君一人在世了。惠公、怀公没有亲近的人，国内国外的人都抛弃他们。上天不绝晋国，必定会有君主。主持晋国祭祀的人，不是当今的国君又会是谁呢？这是上天的安排，那几位随从逃亡的人却认为国君继位是自己的功劳，这难道不是欺骗吗？偷取他人的财物，尚且被称为盗贼，更何况贪图、窃取上苍的功绩当作自己的功劳呢？底下的人把自己的罪责伪装成正义，上面的人却对这些人的奸诈行为加以赏赐。上下相互欺瞒，很难与他们相处了。"介之推的母亲说："你为什么不也去请功求赏呢？不求而死，又能怨谁呢？"介之推说："明知有错却依旧效仿它，那样的罪责更大！而且我曾说过抱怨的话，不能再去吃国君的俸禄，我还是懂得廉耻的。"介之推的母亲说："也让国君知道一下，怎么样？"介之推说："言语是身体的纹饰。身体将要隐居，哪里还用得着纹饰呢？这样做是求显露了。"介之推的母亲说："你能够这样做吗？那我和你一起隐居吧。"于是，母子俩隐居至死。

晋文公四处寻找介之推也没找到，只好把绵上的田作为介之推的祭田，他说："就用这来记录我的过错，并且表彰好人吧。"

《 疑 · 难 · 字 》

禄（lù）　　祀（sì）　　盍（hé）　　怼（duì）　　旌（jīng）

《 特 · 殊 · 句 》

◆省略句

介之推不言禄，禄亦弗及。（省略宾语）

原句应为"介之推不言禄，（晋文公）禄亦弗及（介之推）"。

亦使知之，若何？（省略代词）

原句应为"亦使（之）知之，若何"。

◆判断句

言，身之文也。

语气词"也"表示判断。

《 词 · 类 · 活 · 用 》

下义其罪（义：把……当作正义的行为。形容词作动词。）

◆知识点

　　清明节前一天是寒食节。这是中国的一个传统节日，古人从这一天起，三天不生火做饭，所以叫寒食。寒食节从先秦一直延续至今（有的地区清明叫寒食），已经有2600多年的历史。寒食节为纪念介之推而设，前后绵延两千多年，曾被称为民间第一大祭日。相传，介之推隐居后，晋文公为了逼迫他出山，下令放火烧山，结果介之推坚持不出山，不幸被烧死。晋文公伤心之余，在介之推死去的那天禁火寒食，以寄哀思。

郑子家告赵宣子

《知·历·史》

　　春秋时期，中原霸权流转更迭。郑国是处于中原腹地的小国，地理位置十分重要，所以不管哪个大国崛起，都要对郑国进行一番拉拢、敲打。多年来，郑国一直在大国尤其是晋、楚两国的夹缝中生存，上到国君，下到百姓，都苦不堪言。郑穆公时期，晋国不满郑国在晋、楚之间摇摆不定，晋灵公在诸侯会盟时拒绝接见郑穆公。这种情势下，郑国执政大臣子家给晋国执政大臣赵宣子写了一封信。信中，子家言辞谦卑，历数郑国对晋国极尽恭敬地侍奉，同时在结尾无奈地"威胁"，如果把郑国逼急了，就会彻底倒向楚国。于是晋国与郑国重修于好。《郑子家告赵宣子》讲述的就是子家怎样劝解晋国"回心转意"的。

❮ 有事好商量　　　　　　　　　　•••

子家
> 我们郑国已经很努力侍奉晋国了，晋国还这么对我们，实在太过分了！

赵盾
> 小小郑国，还说不得了？

子家

> 郑国虽小，也不能任人欺负，大不了鱼死网破！

赵盾
> 误会，误会，多年兄弟，咱们有话好好说……

《品·原·文》

晋侯①合诸侯于扈②，平宋也。于是晋侯不见郑伯③，以为贰于楚也。

郑子家④使执讯而与之书，以告赵宣子⑤，曰："寡君⑥即位三年，召蔡侯而与之事⑦君。九月，蔡侯入于敝邑⑧以行，敝邑以侯宣多⑨之难，寡君是以不得与蔡侯偕⑩，十一月，克减⑪侯宣多，而随蔡侯以朝于执事⑫。十二年六月，归生佐寡君之嫡夷⑬，以请陈侯于楚，而朝诸君。十四年七月，寡君又朝以蒇⑭陈事。十五年五月，陈侯自敝邑往朝于君。往年正月，烛之武往朝夷也。八月，寡君又往朝。以陈、蔡之密迩⑮于楚，而不敢贰焉，则敝邑之故也。虽敝邑之事君，何以不免？在位之中，一朝于襄⑯，而再见于君。夷与孤之二

这句话揭示了晋灵公不见郑穆公的原因，为下文子家写信给赵盾做铺垫。

子家在信中详细列举了多年来国君对晋国的尊重表现，同时举证陈、蔡两国之所以对晋国忠心，都是因为郑国的努力。将一个小心翼翼侍奉大国、不敢有丝毫怠慢的小国形象，刻画得入木三分。

① 晋侯：指晋灵公。
② 扈：古代郑国地名。
③ 郑伯：指郑穆公。
④ 子家：郑公子归生，字子家，郑国重臣。
⑤ 赵宣子：指赵盾，晋国执政大夫。
⑥ 寡君：对本国君主的谦称。
⑦ 事：侍奉。
⑧ 敝邑：对本国的谦称。
⑨ 侯宣多：郑国大臣，因居功自豪而发起叛乱。
⑩ 偕：一同，一起。
⑪ 克减：稍稍平定。
⑫ 执事：指管事的人。
⑬ 嫡夷：嫡子夷，即郑太子夷。
⑭ 蒇（chǎn）：完成。
⑮ 密迩：靠近，关系亲近。
⑯ 襄：指晋襄公。

三臣相及于绛①，虽我小国，则蔑②以过之矣。今大国曰：'尔未逞③吾志。'敝邑有亡，无以加焉。古人有言曰：'畏首畏尾，身其余几？'又曰：'鹿死不择音④。'小国之事大国也，德，则其人也；不德，则其鹿也。铤而走险，急何能择？命之罔极⑤，亦知亡矣，将悉敝赋⑥以待于僬⑦，唯执事命之。文公二年，朝于齐。四年，为齐侵蔡，亦获成⑧于楚。居大国之间，而从于强令，岂其罪也？大国若弗图⑨，无所逃命。"

晋巩朔⑩行成于郑，赵穿⑪、公婿池⑫为质焉。

子家在信中一再强调，郑国侍奉晋国没有过失，照应前文郑国的各种行为，既表现了郑国的委屈、无奈，也为接下来郑国的"爆发"埋下伏笔。

书信结尾这两句话是全文的点睛之笔。先是反问大国，小国毕恭毕敬有什么不对。然后隐含威胁，表示把郑国逼到极限，对晋国没有好处。短短二十几个字，把小国的悲愤、无奈表现得淋漓尽致。

郑子家告赵宣子

左传

① 绛：古代地名，晋国都城。
② 蔑：无。
③ 逞：实现。
④ 音：通"荫"，指荫凉的地方。又说，"音"即声音。
⑤ 罔极：无穷无尽。
⑥ 赋：这里指军队。
⑦ 僬（tiáo）：古代地名。
⑧ 成：讲和，修好。
⑨ 图：考虑，体谅。
⑩ 巩朔：晋国官员。
⑪ 赵穿：晋国官员。
⑫ 公婿池：晋灵公的女婿池。

《见·其·译》

晋灵公在扈地会盟各个诸侯国，为了平定宋国的内乱。当时，晋灵公不肯召见郑穆公，认为郑国暗中投靠了楚国。

郑国执政大夫子家派遣执讯送给晋国执政大夫赵宣子一封信，信上说："我们的国君即位的第三年，就召请蔡侯，和他相约一起侍奉晋襄公。九月，蔡侯到我国准备去晋国朝见，我国因为侯宣多叛乱，国君无法和蔡侯一起出发。十一月，叛乱被平定后，我们的国君就与蔡侯一同出发，朝见晋侯。我们国君继位第十二年的六月，大臣归生辅佐我们国君的嫡子夷，到楚国请求让陈侯一起朝见贵国国君。第十四年七月，我们国君完成陈国的事务后又到贵国朝见晋侯。第十五年五月，陈侯从我国出发前去朝见贵国国君。去年正月，烛之武陪同太子夷朝见

从此之后，咱就是兄弟了！

贵国国君。八月，我们国君又去朝见。陈国和蔡国紧紧挨着楚国，都不敢怀有二心，是因为有我们。我国一直谦卑地侍奉贵国国君，为什么还不能豁免罪责呢？我们国君在位，一次朝见贵国先君襄公，两次朝见过贵国国君晋侯，太子夷和我们的一些大臣，先后都到过绛都朝见。我们虽然是小国，但论及侍奉大国的礼仪，没有哪个国家能超过我们。如今大国却说：'你还没有达成我的心意。'既然这样，我国也只有亡国一个后果，再不能增加一点什么了。古人曾说：'头也害怕，尾也害怕，身体还剩下哪里不害怕呢？'又说：'鹿死的时候顾不上发出好听的鸣声。'小国侍奉大国，大国用仁德对待，小国就会知恩图报；如果对待小国不仁，那么小国就是被逼急了的鹿。太着急会走入险境，被逼急了哪还有什么选择呢？贵国的要求无穷无尽，我们也知道自己要灭亡，只能将我们全部军队和军用物资集中在僓地等待，一切就听从贵国的命令差遣。郑文公二年，我们到齐国朝见；文公四年，我们替齐国入侵蔡国，事后又与楚国讲和。小国位于大国之间，听从强者的号令，难道也有罪责吗？大国如果不替我们考虑一下，那么我们就不可能再退让了。"

晋国于是派遣大夫巩朔到郑国讲和修好，把赵穿、晋灵公的女婿池作为人质留在了郑国。

《疑·难·字》

扈（hù） 蒇（chǎn） 迩（ěr） 蔑（miè） 鲦（tiáo）

《特·殊·句》

◆ 倒装句

何以不免？（宾语前置）

原句语序应是"以何不免"，疑问句中疑问代词作宾语前置。

将悉敝赋以待于鲦。（状语后置）

原句语序应是"将悉敝赋于鲦以待"，状语后置。

朝于齐。（状语后置）

原句语序应是"于齐朝"，状语后置。

◆ 省略句

大国若弗图。（省略宾语）

原句应为"大国若弗图（之）"。

◆ 判断句

德，则其人也。

语气词"也"来表示判断。

◆ 成语积累

畏首畏尾： 怕这怕那，形容疑虑多。

铤而走险： 因无路可走而采取冒险行动。

◆ 知识点

赵宣子的父亲赵衰，为晋文公时期的五位贤臣之一。当年重耳流亡到翟时，翟君把美人叔隗送给赵衰为妻，后来叔隗生下了赵宣子。晋襄公六年（前622年），赵衰去世，赵宣子接替父亲，担任晋国执政。赵宣子曾辅佐多位君主，政绩显赫，被孔子誉为"良大夫"。

王孙满^① 对楚子^②

《知·历·史》

公元前613年，楚穆王去世，年轻的楚庄王熊旅继位。当时的楚国内部矛盾重重，局势复杂，国力疲敝。楚庄王在接过这个"烂摊子"后，没有急着改变现状，他表面装作不问政事，声色犬马，暗地里分辨忠奸，收拢权势。三年后，一切准备妥当的楚庄王"一鸣惊人"，整顿内政，很快壮大了楚国的力量。之后几年，楚庄王所向披靡，重新确立了楚国的大国地位，声势一时无两。接连不断的胜利让楚庄王有些得意忘形。公元前606年，楚庄王率兵北上讨伐陆浑之戎，在周王室的边境阅兵示威。周天子惶恐不安，于是派王孙满慰劳楚军。《王孙满对楚子》讲述的就是王孙满怎样劝说楚庄王的。

---

① 王孙满：春秋时期周王室的官员。
② 楚子：指楚庄王。

悬赏！谁知道九鼎的大小和轻重？

只看楼主　收藏　回复

楚庄王　谢邀，人在洛水，刚下战车，一会儿我给你问问。

晋灵公　大胆！楚蛮子竟然擅入中原，看来城濮之战没让你们长记性啊！

周定王　你不要过来啊！

王孙满　天子莫慌，你且看我怎么一言退却百万师。

《品·原·文》

　　楚子伐陆浑之戎①，遂至于雒②，观兵于周疆。定王③使王孙满劳楚子，楚子问鼎④之大小轻重焉，对曰："在德不在鼎。昔夏之方有德也，远方图物，贡金九牧，铸鼎象物，百物而为之备，使民知神、奸。故民入川泽山林不逢不若⑤。螭魅罔两⑥，莫能逢之。用能协于上下，以承天休。桀⑦有昏德⑧，鼎迁于商，载祀六百。商纣⑨暴虐，鼎迁于周。德之休明⑩，虽小，重也；其奸回昏乱，虽大，轻也。天祚明德，有所厎止。成王定鼎于郏鄏⑪，卜世三十，卜年七百，天所命也。周德虽衰，天命未改。鼎之轻重，未可问也。"

作者只用"问鼎"一词，就突显出楚庄王对权力的渴望与野心。

一个"德"字为王孙满的陈述定下基调，统领整段文字。王孙满以"德"对抗楚庄王的"霸"。

这句王孙满论述"德"的重要性，暗示楚庄王如果"无德"，就算得到鼎也不能持久，照应前文九鼎从夏到周的更迭。

王孙满在最后两句又提到"天命"，指出"天命未改"，楚庄王不该"问鼎"，挫败了楚庄王嚣张的气焰。

---

① 陆浑之戎：古代西北少数民族的一支。
② 雒：指洛水。
③ 定王：周定王，周朝第二十一位君主。
④ 鼎：指九鼎，相传由夏禹所铸，象征王权。
⑤ 不逢不若：不会遇到不顺的东西。
⑥ 螭（chī）魅罔（wǎng）两：山精和水鬼。
⑦ 桀：夏朝末代君王桀。
⑧ 昏德：品德言行昏聩惑乱。
⑨ 纣：商朝末代君王纣。
⑩ 休明：美善光明。
⑪ 郏鄏（jiá rǔ）：古代地名，东周王城。

　　楚庄王征讨陆浑之戎，来到洛水，在周王室的边境上检阅军队，炫耀军威。于是，周定王派遣王孙满作为使者，去慰劳楚庄王。其间，楚庄王问起了象征天子权威的九鼎的大小和轻重。王孙满回答说："统治天下在于德行，而不在于鼎本身。夏朝当初施行德政时，将远方各种奇特事物描绘成图像，用九州进献的铜铸成九鼎，并把画下来的图像铸在鼎上。各种东西都具备，百姓才了解各种鬼神怪异的样子。所以百姓进入川泽、山林，就不会碰上不顺利的事，妖魔精怪，都不会碰上。由此上下和睦，承接上苍的庇佑。夏桀昏聩无德，将九鼎迁到商朝，前后六百年。商纣暴虐，九鼎又迁到大周。如果德行美善光明，九鼎就算再小，也奇重无比；如果德行昏聩邪恶，九鼎即便再大，也轻如鸟羽。上天赐福给有德之人，是有固定期限的。周成王把九鼎安置在王都，曾卜算大周将传国三十世，享国七百年，这是天命决定的。如今大周德行虽然衰退，但天命仍在。九鼎的轻重，是不能问的。"

《疑·难·字》

螭（chī） 魅（mèi） 罔（wǎng） 郏（jiá） 鄏（rǔ）

《特·殊·句》

◆省略句

虽小，重也……虽大，轻也。（省略主语）

原句应为："（九鼎）虽小，重也……（九鼎）虽大，轻也"。

◆倒装句

贡金九牧。（主语后置）

原句应为"九牧贡金"，主语"九牧"倒装于谓语"贡金"后。

◆ 成语积累

问鼎中原：比喻企图夺取天下。

魑魅魍魉：妖魔鬼怪，比喻各种各样的坏人。

铸鼎象物：铸造绘有各种事物图案的铜鼎，可以称颂君王功德。

◆ 知识点

我们耳熟能详的成语，比如"不鸣则已，一鸣惊人""优孟衣冠"等，都与文中提到的楚庄王有关。

公元前613年，楚庄王即位。当时楚国面临十分严峻的形势，尤其楚国朝中忠奸、善恶难分。于是楚庄王整日不理朝政，寻欢作乐，作出一副昏聩样子，实则是在韬光养晦，并暗中分辨忠奸善恶。

大臣伍举冒死进谏说："楚国山上有一种身披五彩羽毛的大鸟，看起来很神气，可是三年不飞不叫，这是什么鸟？"楚庄王知道他在暗讽自己，于是意有所指地回答："这种鸟一点儿也不普通，不飞则已，一飞冲天；不鸣则已，一鸣惊人。"

此后，他重用贤臣，积极发展生产，扩充军队，最终领导楚国称霸中原。这就是成语"不鸣则已，一鸣惊人"的由来。

齐国佐不辱命

公元前589年，齐国与晋国爆发了一场激战，史称鞌（ān）之战。晋国在这场战争中大获全胜，齐国一败涂地。晋国乘胜追击到齐国的马陉。齐国十分惶恐，派出使者国佐（宾媚人）贡献财物求和，晋人拒绝，并提出苛刻的条件。对此，国佐以"王命"为盾牌，从德孝的观点出发，在晋国高官郤克面前，表现得不卑不亢，义正词严，以合理的言辞说服晋人，终于达成和议。《齐国佐不辱命》讲述的就是国佐不辱使命出色完成外交使命的故事。

晋人

不知大人为什么一定要萧同叔子来做人质呢？

郤克

唉，我当年奉国君之命出使齐国，却遭到齐侯戏弄。他的母亲萧同叔子还躲在帷幕后嘲笑我是个跛子。想想都气！

晋人

大人息怒，这次我们一定为您讨回公道。

郤克

多谢国人支持！这次打败齐国就是大家协同作战、同仇敌忾的成果。

齐国佐不辱命

左传

《品·原·文》

晋师从齐师，入自丘舆①，击马陉②。齐侯③使宾媚人④赂以纪甗⑤、玉磬⑥与地，"不可，则听客之所为。"

宾媚人致赂，晋人不可，曰："必以萧同叔子⑦为质，而使齐之封内尽东其亩。"对曰："萧同叔子非他，寡君之母也，若以匹敌，则亦晋君之母也。吾子布大命于诸侯，而曰必质其母以为信，其若王命何？且是以不孝令也。《诗》曰：'孝子不匮，永锡⑧尔类。'若以不孝令于诸侯，其无乃非德类也乎？先王疆理⑨天下，物土之宜，而布其利。故《诗》曰：'我疆我理，南东其亩。'今吾子疆理诸侯，而曰'尽东其亩'而已，唯吾子戎车是利，无顾土宜，其无乃非先王之命也乎？反先王则不义，何以为盟主？其晋

这看似只是晋人提出的两个苛刻条件，实际上隐讳的含义就是晋人不同意议和。

① 丘舆：齐邑名。
② 马陉（xíng）：齐地名。
③ 齐侯：齐顷公。
④ 宾媚人：齐国的国佐。
⑤ 纪甗（yǎn）：纪国的一种祭器。甗，古代炊器。
⑥ 玉磬：用玉制作的乐器，也是一种礼器。
⑦ 萧同叔子：齐顷公的母亲。萧，国名。同叔，萧国国君的字，是齐顷公外公。子，女儿。
⑧ 锡：赐予、惠及。
⑨ 疆理：指对田地的规划。疆，划边界。理，分地理。

实有阙^①！四王^②之王也，树德而济同欲焉，五伯^③之霸也，勤而抚之，以役王命。今吾子求合诸侯，以逞无疆之欲，《诗》曰：'敷政优优^④，百禄是遒。'子实不优，而弃百禄，诸侯何害焉？不然，寡君之命使臣，则有辞矣，曰：'子以君师辱于敝邑，不腆^⑤敝赋，以犒从者，畏君之震，师徒挠败。吾子惠徼齐国之福，不泯其社稷，使继旧好，唯是先君之敝器、土地不敢爱^⑥。子又不许，请收合余烬^⑦，背城借一。敝邑之幸，亦云从也；况其不幸，敢不唯命是听？"

宾媚人没有直接回答行还是不行，而是引经据典，不卑不亢，以四两拨千斤的方式，弄得晋人哑口无言，也从侧面道出了最后的结局。

大人，请听我说……

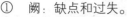

齐国佐不辱命

左传

---

① 阙：缺点和过失。
② 四王：指夏禹、商汤、周文王和周武王。
③ 五伯：指夏朝的昆吾、商朝的大彭和豕韦、周朝的齐桓公和晋文公。
④ 优优：宽恕和缓的样子。
⑤ 腆：丰厚。
⑥ 爱：吝惜。
⑦ 烬：是对残余兵力的一种比喻。

《见·其·译》

　　晋国的军队一直追赶齐国的军队，从丘舆进入齐国，攻打马陉。齐顷公派宾媚人（国佐）送上纪甗、玉磬和土地，说："如果这样他们都不答应，就由他们去吧！"

　　宾媚人送上礼物，晋国人不答应。晋国的正卿郤克说："我们的条件是必须让萧同叔的女儿过来当人质，再把齐国境内所有田地的朝向都改成东向。"宾媚人回答说："这萧同叔的女儿不是旁人，是我们国君的母亲。按对等的地位来说，就是晋国国君的母亲。您在诸侯中发号施令，却要用人家的母亲来当人质，您又如何看待周天子的命令呢？这是要用不孝来号令诸侯。《诗经》说：'孝子的孝心是无穷无尽的，永远可以感化同类的人。'

希望我不负君王的嘱托。

如果要用不孝来号令诸侯，这怕是不道德的行为吧！先王划定了土地的疆界，治理天下，根据土地的条件来合理安排。所以《诗经》说：'划分疆界，治理土地，有的朝南，有的朝东。'现在您治理诸侯却要所有田地都朝向东，只为了方便您的战车行走，而不顾这样做是不是对田地有益，这难道不是违反先王遗命的做法吗？违背先王遗命，就是不义的行为，怎么能成为盟主呢？这就是晋国的过失呀。禹、汤、文王、武王四王治理天下，靠的是树立良好的德行满足各诸侯共同的愿望。五伯成就霸业，自己勤劳，并维护和安抚诸侯，让他们都服从君主的命令。现在您要求会合各诸侯，却是为了满足自己无限的欲望。《诗经》说：'宽容和缓地推行政令，可以积聚所有的福禄。'你实施政令不和缓，丢掉所有的福禄，是在加害这些诸侯吗？如果您不答应我们的请求，我国的国君在我出使之前有言在先。他说：'您带着贵国的军队来攻打我国，我们用不富厚的财物，来犒赏您的随从，因为害怕贵国国君的威严，我们战败了。承蒙您施予我齐国恩惠，没有让我们亡国，并且还能保持与贵国像从前一样的友好关系。我们也绝对不会吝啬先君那些破旧的器物和土地。但如果您不答应我们的请求，还请允许我们集合残余的兵力，背靠城墙与您决一死战。如果我们侥幸胜利了，也一样会听贵国的话；如果不幸失败了，我们又怎么敢不听贵国的话呢？'"

《疑·难·字》

舆（yú）　陉（xíng）　甗（yǎn）　磬（qìng）　逎（qiú）

《特·殊·句》

倒装句

齐侯使宾媚人赂以纪甗、玉磬与地。（状语后置）

原句语序应为"齐侯使宾媚人以纪甗、玉磬与地赂"。

唯吾子戎车是利。（宾语前置）

原句语序应为"是唯利吾子戎车"。

况其不幸，敢不唯命是听？（宾语前置）

原句语序应为"况其不幸，敢不是唯听命"。

◆ 省略句

不腆敝赋，以犒从者。

原句应为"（敝邑用）不腆敝赋，以犒从者"。

◆ 成语积累

背城借一： 在自己的城下与敌人决一死战，泛指跟敌人做最后一次决战。

唯命是听： 让做什么，就做什么，绝对服从，不敢有半点违抗。

◆ 知识点

　　"萧同叔子"这个名字中，"萧"是一个小国名，"同叔"是小国国君的名字，"子"是女儿。"萧同叔子"的意思就是萧国同叔的女儿。本文中的萧同叔子还是齐惠公夫人、齐顷公母亲。公元前593年，晋国郤克出使齐国，齐顷公让母亲在帷幕后观看。郤克跛足，萧同叔子见后忍不住笑出声，还语带鄙视地与侍女谈论。郤克对此很气愤，发誓要报仇。因此，晋国取胜后提出"以萧同叔子为质"。

吕相绝秦

　　国与国之间，利益远比情谊重要。秦、晋两国因为利益纠葛，最终从姻亲世交走向对立。晋厉公即位后，想和秦国缓和关系，于是提出与秦桓公会盟，秦桓公满口答应。然而，晋厉公率先抵达约定会盟的地点后，秦桓公却不肯渡河，只是派大臣代替自己去盟誓。如此敷衍的举措，为这次秦晋盟誓蒙上了一层阴影。其后，秦桓公背弃盟誓，挑动北方的狄与南方的楚夹击晋国。秦桓公背信弃义的行为不仅激怒了晋国，也让其他诸侯国不齿。公元前578年，晋国派吕相赴秦宣布断绝外交关系。《吕相绝秦》是一篇外交辞令，讲述的就是秦、晋绝交的历史事件。

头版头条　爱看不看

震惊！秦国抛弃秦晋之约

前日楚国官方宣称，秦国再次背弃盟约，与狄人和楚国相约攻打晋国，而消息的真实性已经得到白狄一方的确认。新闻一出，天下哗然。晋国将会采取怎样的行动呢？本报记者将对此次事件持续关注。

路人甲日报

读者留言

晋厉公：呵呵，吾兄背约伤透我的心。吕相，与他绝交！

吕相：好嘞！待我一一指出秦破坏秦晋之好的举动。

吕相绝秦

左传

《品·原·文》

晋侯使吕相绝①秦，曰：

"昔逮②我献公③及穆公④相好，戮力⑤同心，申之以盟誓，重之以昏姻。天祸晋国，文公如齐，惠公如秦。无禄⑥，献公即世⑦，穆公不忘旧德，俾我惠公用能奉祀于晋。又不能成大勋，而为韩之师⑧。亦悔于厥心，用集我文公，是穆之成也。

"文公躬擐⑨甲胄，跋履山川，逾越险阻，征东之诸侯，虞、夏、商、周之胤而朝诸秦，则亦既报旧德矣。郑人怒君之疆埸⑩，我文公帅诸侯及秦围郑。秦大夫不询于我寡君，擅及郑盟，诸侯疾⑪之，将致命于秦。文公恐惧，绥靖⑫诸侯，秦师克还无害，则是我有大造于西也。

"无禄，文公即世，穆为不吊⑬，蔑死我君。寡我襄公，迭我殽地，奸绝我好，伐我保城，殄灭我费滑，散离我兄弟，挠乱我同盟，倾覆我国家。我襄公未忘君之旧勋，

———————————

① 绝：断绝。
② 逮：自从。
③ 献公：指晋献公。
④ 穆公：指秦穆公。
⑤ 戮力：合力。
⑥ 无禄：没有福气。
⑦ 即世：去世。
⑧ 韩之师：指韩原之战。
⑨ 擐（huàn）：穿。
⑩ 疆埸（yì）：疆界，边境。
⑪ 疾：厌恶，憎恨。
⑫ 绥靖：安抚。
⑬ 吊：吊唁，慰问。

这两句话叙述了秦晋最初的友好关系，引出下文晋对秦的回报与"恩德"。

这句话总结了前文，晋国对秦国是有"大恩"的，为后文的"绝交"做铺垫。

而惧社稷①之陨，是以有殽之师②。犹愿赦罪于穆公。穆公弗听，而即楚谋我。天诱其衷③，成王陨命，穆公是以不克逞志于我。

"穆、襄即世，康④、灵⑤即位。康公，我之自出，又欲阙翦⑥我公室，倾覆我社稷，帅我蟊贼⑦，以来荡摇我边疆，我是以有令狐之役。康犹不悛⑧，入我河曲，伐我涑川，俘我王官，翦我羁马，我是以有河曲之战。东道之不通，则是康公绝我好也。

"及君之嗣也，我君景公引领⑨西望曰：'庶抚⑩我乎！'君亦不惠称盟，利吾有狄难，入我河县，焚我箕、郜，芟夷⑪我农功，虔刘⑫我边陲，我是以有辅氏之聚。君亦悔祸之延，而欲徼福⑬于先君献、穆，使伯车来命我景公曰：'吾与女同好弃恶，复修旧德，以追念前勋。'言誓未就⑭，景公⑮即世，

前文作者用大量排比句，描述了秦国对晋国"以怨报德"的表现，最后以一句"康公绝好"作为总结，为后文"秦晋绝交"做铺垫。

这句话表现的是秦晋断交的真正原因之一。

① 社稷：指国家。
② 殽（xiáo）之师：指鲁僖公三十三年（前627）秦、晋"殽之战"。
③ 衷：心意。
④ 康：指秦康公。
⑤ 灵：指晋灵公。
⑥ 翦：损害，削弱。
⑦ 蟊（máo）贼：食苗害虫，用来比喻内奸。这里指晋公子雍。
⑧ 悛（quān）：悔改。
⑨ 领：脖子。
⑩ 庶抚：安抚，照拂。
⑪ 芟（shān）夷：铲除。
⑫ 虔（qián）刘：屠杀。
⑬ 徼（yāo）福：祈福。
⑭ 就：完成，实现。
⑮ 景公：指晋景公。

吕相绝秦

左传

我寡君是以有令狐之会，君又不祥^①，背弃盟誓。白狄^②及君同州，君之仇雠，而我之昏姻也，君来赐命曰：'吾与女伐狄。'寡君不敢顾昏姻，畏君之威，而受命于使。君有二心于狄，曰：'晋将伐女。'狄应且憎，是用告我。楚人恶君之二三其德也，亦来告我曰：'秦背令狐之盟，而来求盟于我，昭告昊天上帝^③、秦三公^④、楚三王^⑤曰：余虽与晋出入^⑥，余唯利是视。不谷^⑦恶其无成德，是用宣之，以惩不一。'诸侯备闻此言，斯是用痛心疾首，昵就^⑧寡人。寡人帅以听命，唯好是求。君若惠顾诸侯，矜哀寡人，而赐之盟，则寡人之愿也，其承宁诸侯以退，岂敢徼乱？君若不施大惠，寡人不佞^⑨，其不能以诸侯退矣。敢尽布之执事，俾^⑩执事实图利之。"

表面修好，暗地里联合白狄和楚国攻打晋国，这是"秦晋断交"的另一个原因。

---

① 不祥：不善。
② 白狄：狄人的一支。
③ 昊天上帝：指上苍。
④ 秦三公：指秦穆公、秦康公、秦共公。
⑤ 楚三王：指楚成王、楚穆王、楚庄王。
⑥ 出入：往来。
⑦ 不谷：国君的自称。
⑧ 昵就：亲昵。
⑨ 不佞：不才，不敏。
⑩ 俾（bǐ）：使，让。

晋厉公派遣使臣吕相去秦国宣布断交，说：

"自我国的献公和秦国的穆公开始，两国相互交好，同心协力，用盟誓宣布两国的友好，用联姻来巩固它。谁知上苍降下灾祸到晋国，文公到了齐国，惠公来到了秦国。献公不幸去世了，而秦穆公心怀大义，没有忘记往日的情谊，让我们的惠公可以回到晋国供奉宗庙祭祀。但秦国没有完成这一重大功业，却发动了韩原之战。事后，穆公心里也感到很后悔，于是扶助我们文公回国做了国君，这是穆公的功绩。

"当初文公亲自被甲执兵，跋山涉水，跨越险阻，去征讨东方的诸侯，使虞、夏、商、周的后代都来朝见秦国，已经算是回报了往日的恩惠。郑国人冒犯我们国君，侵犯我们的疆土，我们文公率领诸侯和秦国一同包围了郑国。然而，秦国的官员

却问也不问我们的国君，擅自和郑国结盟，当时诸侯们都非常唾弃这件事，嚷嚷着要同秦国决战。唯独我们的文公仁善，担心秦国因此受损，于是亲自出面安抚了诸侯，这才让秦军能够安然无损地回国。显然，我们对秦国有大大的恩惠。

"不幸，晋国遭难，文公去世，穆公不仅不吊唁慰问，还蔑视我们去世的国君，欺负我们新继位的襄公，进犯我们的殽地，断绝和我国的友好，攻打我们的城池，灭亡了我们的友邦滑国，离间我们的兄弟国家，扰乱我们的盟友，颠覆我们的国家。但我们襄公依然没有忘记秦国昔日的功劳，但又担心国家灭亡，因此有了殽之战。我们是希望穆公能赦免晋国的罪过。穆公不愿意，反而亲近楚国，谋划一起征伐我们。上苍有眼，楚成王丢了性命，穆公灭亡我们的意图不能得逞。

"穆公和襄公离世后，康公与灵公继位。康公是我国伯姬所

生，却又想损害我们的公室，颠覆我们的社稷，率领我们国家的奸臣，前来扰乱我们的边境，我们因此有了令狐之战。康公不知悔过，派兵入侵我们的河曲一带，侵占我们的涑川，劫掠我们的王官，夺取我们的羁马，因此我们有了河曲之战。秦国东进的道路不畅通，正是康公断绝了和我们友好关系的缘故。

"等到您继位以后，我们的国君景公伸长脖子向西方望去，说：'应该会照拂我们吧！'然而您依然不肯施恩与我国结盟，反而趁着狄人侵扰晋国时，入侵我国的河县，烧毁我国箕、郜两地，抢割我们的庄稼，屠戮我边境民众，我们因此有了辅氏之战。您也很后悔两国间兵祸绵延，准备向前代国君

为我们的家国而战！

献公和穆公祈福，于是派遣伯车为使臣来对我们景公下令：'我和你重新修好，摒弃仇怨，恢复以往的恩惠，追忆过去先君们的功业。'盟誓还没有完成，我们景公就去世了。因此我们的国君决定在令狐盟会。但您又心怀不轨，背弃盟约，抛弃信诺。白狄与您同处一地，是您的仇人，却是我们的姻亲。您派人对我们下命令：'我和你们一起讨伐狄人。'我们国君不敢眷顾姻亲的关系，畏惧您的威严，接受了使臣传达的命令。但与此同时，您向狄人卖好，告诉他们：'晋国准备讨伐你们。'狄人虽然表面答应，内心却对你们十分厌弃，于是把这件事告诉了我们。楚国人同样不喜欢您的反复无常，也来告诉我们说：'秦国背弃了在令狐与你们的盟誓，跑来请求和我们结盟，向皇天上帝、秦国故去的三位国君、楚国故去的三位君王宣告：我虽然和晋国有来往，但我只看重利益。我不喜秦国没有诚信的德行，因此把这些话公开，用来惩戒言行不一的国家。'诸侯们听说后，因此对秦国感到十分痛恨，纷纷来亲近我们国君。如今我们国君率领天下诸侯前来听取您的命令，只求结盟友好。您如果施恩顾念诸侯们，怜悯我们国君，就请赐下盟书，这是我们的愿望。我们国君答应会安抚诸侯退兵，怎么敢自求祸乱呢？如果您不肯施恩，我们国君没有能力，没办法让诸侯退兵。我已经把全部话讲给您以及主事的官员了，希望他们权衡以后，能够往对秦国有利的方向考虑。"

逮（dài）　俾（bǐ）　摢（huàn）　埸（yì）　殄（tiǎn）

蟊（máo）　悛（quān）　涑（sù）　箕（jī）　苫（shān）

《 特·殊·句 》

◆ **倒装句**

君有二心于狄。（状语后置）

原句应为"君于狄有二心"，状语后置。

◆ **省略句**

俾执事实图利之。（省略介词）

原句应为"俾执事实图利（于）之"。

◆ **判断句**

是穆之成也。

语气词"也"来表示判断。

《 词·类·活·用 》

郑人怒君之疆埸（怒：侵扰，冒犯。形容词作动词。）

楚人恶君之二三其德也（二三：三心二意，反复无常。数词作动词。）

◆ **成语积累**

唯利是图：只贪图财利，别的什么都不顾。

痛心疾首：形容痛恨到了极点。

晏子不死君难

《知·历·史》

《晏子不死君难》的故事发生在春秋晚期的齐国。齐国大夫崔杼扶立了齐庄公上位。而这位新国君竟然垂涎崔杼妻子的美色，与之私通。崔杼得知这件事后，认为这是奇耻大辱，因此杀死了齐庄公。大臣晏子听说后，冒着危险去崔杼家哭庄公。但他认为无论国君还是臣子都应为国家负责，国君并非为国事而死，则臣子不殉身、不流亡、不辞官。他冒死去哭庄公，是为了尽臣子之礼。

头版头条 爱看不看

齐庄公身死，凶手竟然是他?!

路人甲日报

本报讯：命途多舛的齐庄公日前被杀。

凶手竟然是最先拥护他坐上王位的崔杼。记者了解到，早年齐庄公不受父亲重视，被送往晋国做人质多年，后得崔杼辅佐即位，没想到庄公竟与崔妻私通。据悉，崔杼不仅没有受到审判，还被齐景公杵臼拜为宰相。

读者留言

陈文子：晏婴曾说庄公失信不立，不能久长，果然如此。

齐景公：晏婴大胆，竟背后议论君王。

崔杼回复齐景公：晏婴是良臣，您可不要为难他。

齐景公回复崔杼：宰相说的是，孤就放过他了。

崔武子①见棠姜②而美之，遂取之。庄公③通焉，崔子弑之。

晏子④立于崔氏之门外，其人⑤曰："死乎？"曰："独吾君也乎哉？吾死也。"曰："行乎？"曰："吾罪也乎哉？吾亡也。"曰："归乎？"曰："君死，安归？君民⑥者，岂以陵民，社稷⑦是主。臣君者，岂为其口实⑧，社稷是养。故君为社稷死，则死之；为社稷亡，则亡之。若为己死，而为己亡，非其私昵⑨，谁敢任之？且人有君而弑⑩之，吾焉得死之？而焉得亡之？将庸何归？"门启而入，枕尸股⑪而哭。兴，三踊⑫而出。人谓崔子："必杀之！"崔子曰："民之望也，舍之，得民。"

采用一问一答的方式，让故事发展层层递进。对话形式更能突出人物的性格特点。

这句话揭露了崔杼的态度：不是不想杀晏婴，而是有所顾虑。同时也表明崔杼并没有完全做好弑君的准备，为以后他惨淡落幕埋下伏笔。

① 崔武子：崔杼，齐国的大夫。
② 棠姜：指棠公的妻子。
③ 庄公：齐庄公。
④ 晏子：晏婴，齐国的名臣。
⑤ 其人：指晏婴左右的人，晏子的随从。
⑥ 君民：作为民众君主的人。
⑦ 社稷：指国家。
⑧ 口实：俸禄。
⑨ 昵：亲近。
⑩ 弑：臣杀君，子杀父，称为弑。
⑪ 股：大腿。
⑫ 踊：跳跃。

晏子不死君难

左传

周朝史话
ZHOU
CHAO
史话
SHI
HUA

102

《见·其·译》

崔杼见到棠姜觉得她很美，于是就娶了她。齐庄公和她私通。崔杼杀死了齐庄公。

齐国大臣晏婴站在崔杼家门外。他的随从问道："您是打算去寻死吗？"晏婴说："他不只是我一个人的国君，我为什么要死？"随从又问："那您是打算逃亡吗？"晏婴不解地问："是我犯了什么罪吗？谁说我要逃亡呢？"随从问："那您是想要回家吗？"晏婴摇摇头说："连我们的国君都死了，我哪里还有家啊？做百姓国君的人，怎么能凌驾于人民之上呢？君主的职责就是要治理国家。做臣子的怎么能只为了俸禄呢？保护国家是臣子的责任。所以君王因为江山社稷而死，臣子也要跟着一起赴死；当国君因为江山社稷逃亡，臣子也要追随他一起逃亡。这正是君臣礼义。但如果国君为了自己而死，为了自己逃亡，抛弃国家社稷，那样的话，除了与他关系亲密的人以外，还有谁会追随这样的国君呢？况且别人立了这个国君，又把他杀了，为什么我要为了他而死，为了他而逃亡呢？但是又能回到哪里去呢？"这时，崔杼家的门打开了，晏婴走了进去，抱起齐庄公的尸体放在自己的腿上大哭。他哭完站起来跳了三下就走了出来。有人对崔杼说："你一定要把晏婴杀了。"崔杼说："晏婴是百姓仰望的人，放了他，可以得民心。"

弑（shì）　晏（yàn）　踊（yǒng）

〖 特 · 殊 · 句 〗

◆ 省略句

死乎？（省略主语）

原句应为："（你）死乎"。

◆ 倒装句

社稷是主。（宾语前置）

"是"是宾语前置的标志，原句语序应为"主社稷"。

◆ 齐庄公逸事

　　据说齐庄公某次外出，发现路上有只虫子摆出一副要和车轮搏斗的样子，试图阻止车轮前进，于是问车夫："这是什么虫子？"车夫说："这是螳螂，只知道前进不知道后退，它以为自己可以挡住马车，不自量力！"庄公笑着说："这如果是个人，一定会是天下最勇敢的人。"于是命令车夫绕道避开螳螂离开了。

这是只勇敢的虫子！

晏子不死君难

左传

103

周朝史话
ZHOU
CHAO
史
SHI
话
HUA

104

季札观周乐

《 知 · 历 · 史 》

公元前 544 年，吴国新上任的国君为了与其他国达成友好的政治局面，便派出公子季札前往鲁、齐、郑、卫等国进行访问。本文讲述的是季札在鲁国，欣赏周王室乐舞时对不同表演作出的评价。其中不仅有对乐舞的独到见解，还从政治角度进行了分析。季札聘鲁求观周乐，不仅体现了季札个人的艺术修养，更展示了吴国的文明程度，是一次成功的政治访问。

< 吴国大家庭群 · · ·

> 诸樊更名吴王

> 二弟余祭加入群聊

> 三弟余昧邀请四弟季札加入群聊

群主 吴王
我刚刚上任，还是要与别国处理好关系。你们谁愿意替我去各国走一遭？@所有人

余祭
我看四弟最为合适。

余昧
二哥说得对呀。

季札
大王，为弟愿意前往。

群主 吴王
好弟弟，听说鲁国人对周朝的乐舞保存比较完备，乐舞是你的强项，你肯定能和他们打成一片。

吴公子札来聘①，请观于周乐②。使工为之歌《周南》《召南》，曰："美哉，始基③之矣，犹未也，然勤而不怨矣。"为之歌《邶》《鄘》《卫》，曰："美哉，渊④乎！忧而不困者也。吾闻卫康叔⑤、武公⑥之德如是，是其《卫风》乎？"为之歌《王》，曰："美哉，思⑦而不惧，其周之东⑧乎？"为之歌《郑》，曰："美哉，其细⑨已甚，民弗堪也。是其先亡乎？"为之歌《齐》，曰："美哉，泱泱⑩乎！大风也哉！表⑪东海者，其大公⑫乎？国未可量也。"

为之歌《豳》，曰："美哉，荡⑬乎！乐而不淫⑭，其周公之东乎？"为之歌《秦》，曰："此之谓夏声⑮。夫能夏则大，大之至也，

文章开篇就揭示出季札来鲁国的目的是"聘"，即政治访问。

作者借季札之口，连续对周乐表示"美哉"，表现出季札对礼乐有着十分深厚的造诣。

---

① 吴公子札：指季札，是吴国国君的弟弟。聘：一种政治访问。
② 周乐：周天子的乐舞。
③ 始基：奠定基础。
④ 渊：深厚。
⑤ 康叔：卫国的开国君主。周公之弟。
⑥ 武公：康叔的九世孙。
⑦ 思：忧虑。
⑧ 周之东：周王室东迁。
⑨ 细：琐碎。
⑩ 泱泱：深广宏大的样子。
⑪ 表：作……表率。
⑫ 大公：指姜太公吕尚。
⑬ 荡：博大的样子。
⑭ 淫：过度，超过分寸。
⑮ 夏声：指古代中原地区的民间音乐。

周朝史话
ZHOU
CHAO
SHI
HUA

106

其周之旧乎？"为之歌《魏》，曰："美哉，沨沨①乎！大而婉，险而易行。以德辅此，则明主也。"为之歌《唐》，曰："思深哉，其有陶唐氏②之遗民乎！不然，何忧之远也？非令德之后，谁能若是？"为之歌《陈》，曰："国无主，其能久乎？"自《郐》以下无讥焉。

为之歌《小雅》，曰："美哉，思而不贰，怨而不言，其周德之衰乎？犹有先王之遗民焉。"为之歌《大雅》，曰："广哉，熙熙③乎！曲而有直体，其文王④之德乎？"

为之歌《颂》，曰："至矣哉！直而不倨⑤，曲而不屈，迩而不逼，远而不携⑥，迁而不淫，复而不厌，哀而不愁，乐而不荒，用而不匮，广而不宣，施而不费，取而不贪，处而不底，行而不流。五声⑦和，八风⑧平，节有度，守⑨有序，盛德之所同也。"

见舞《象箾》《南籥》者，曰："美哉，犹有憾。"见舞《大武》者，曰："美哉，

作者用"无讥焉"，充分表现了季札对于周乐的个人喜好。

运用对偶的修辞手法，不仅体现了《颂》的艺术特点，也突出了季札的才学。

---

① 沨沨（fán）：轻浮缥缈，形容音乐悠扬婉转。
② 陶唐氏：即尧帝。尧本封陶，后迁至唐，都为尧之旧都，故有此称。
③ 熙熙：和美，融洽。
④ 文王：指周文王。
⑤ 倨：放肆。
⑥ 携：离开。
⑦ 五声：指宫、商、角、徵、羽五音。
⑧ 八风：八方之风。
⑨ 守：保持。

周之盛也，其若此乎？”见舞《韶濩》者，曰：
“圣人之弘①也。而犹有惭德②，圣人之难
也。”见舞《大夏》者，曰：“美哉，勤而
不德，非禹③，其谁能修之？”见舞《韶箾》
者，曰：“德至矣哉！大矣如天之无不帱④也，
如地之无不载也，虽甚盛德，其蔑以加于此
矣。观止矣。若有他乐，吾不敢请已。”

季札在这句话里运
用比喻的修辞手
法，更能突出这支
舞的特点。

---

① 弘：伟大。
② 惭德：缺点。
③ 禹：指大禹。
④ 帱（dào）：覆盖。

一起欣赏乐舞吧！

《见·其·译》

　　吴国公子季札来到鲁国聘问，请求观赏周朝的音乐舞蹈。鲁国的国君让乐工演唱《周南》《召南》，季札说："真是太美好啦！从这首音乐里，我仿佛听到周的教化已经奠定基础，虽然还不是很完善，然而百姓虽然劳苦却没有怨念。"乐工为他演唱《邶风》《鄘风》和《卫风》，他说："太美好了！多么深沉啊！百姓虽然忧伤但不至于困顿。我听说卫康叔、卫武公的德行就是这样，这恐怕就是《卫风》吧？"乐工又为他演唱《王风》，他说："太美好啦！虽然还有些忧虑却没有恐惧，这应该是周室东迁之后的音乐吧？"乐工为他演唱《郑风》，他说："太美好啦！可惜太过烦琐，百姓根本承受不了。这恐怕是要最先灭亡的国家吧？"乐工为他演唱《齐风》，他说："太美好啦！恢宏大气，这就是大国的音乐啊！可以作为东海诸国的表率，这应该就是太公的国家吧？国运真是不可限量啊！"

　　乐工为他演唱《豳风》，他说："太美好啦！声势坦荡！让人开心但不过分，这应该是周公东征时的音乐吧？"乐工为他演唱《秦风》，他说："这就是所谓的'夏声'吧。只有夏声的气势才能如此宏大，大到了极点，这应该就是周朝故地的乐曲吧？"乐工为他演唱《魏风》，他说："真是太美好啦！悠扬婉转！此乐宏大又不失婉约，节奏虽然急促但不失流畅。如果用仁德来辅助他，就会成为贤明的君主！"乐工为他演唱《唐风》，他说："思虑多么深远呀！大概有唐尧的遗民吧？如果不是这样，怎么会有如此深远的忧思呢？如果不是有美德者的后代，谁能做到这样呢？"乐工为他演唱《陈风》，他说："国家没有贤明的君主，还能长久吗？"再歌唱《邻风》以下的乐曲，季札就没有发表任何评论了。

乐工为季札歌唱《小雅》，他说："太美好啦！虽然露出了忧思但却没有背叛的心思，有怨恨但却不讲出来，这大概是周

妙哉，妙哉！

周朝史话
ZHOU
CHAO
SHI
HUA
110

朝的德政教化开始衰败时的音乐吧？那时还是有先王的遗民在啊！"乐工为他歌唱《大雅》，他说："声音多么宽广，让人多么舒畅啊！既婉曲又有正直的节操，这不正是文王的德行吗？"

乐工为他演唱《颂》，季札说："到达顶点了！刚劲而不放肆，委婉而不卑下，紧凑但不局促，宏放但不游离，千变万化但不杂乱无章，反反复复却不使人厌烦，虽有哀伤但不愁苦，使人开心但不过度，声音不断延续却不会匮乏，宽广但不张扬，施予而不浪费，求取而不贪婪，声音虽然保守而不停滞，行进而不泛滥。五声协调，八音和谐，节拍合于章法，演奏井然有序。拥有圣德的人都是这样的！"

季札看到跳《象箾》和《南籥》两种乐舞后，说："美好啊！但美中不足。"看到跳《大武》时说："美好啊！周朝兴盛的时候，竟然达到了这个地步！"看到跳《韶濩》，他说："商汤的德行如此伟大，仍然觉得自己有不足之处而惭愧，可见圣人也有圣人的难处啊！"看到跳《大夏》，他说："美好啊！为百姓的事操劳却不以功德自居，除了禹，谁还能做到呢？"看到跳《韶箾》，他说："德行达到顶点了！实在是伟大啊，就像苍天无所不覆盖一样，像大地无所不承载一样！再盛大的德行，恐怕也不能超过这样了。观赏就到这里吧！如果还有其他乐舞，我也不敢再请求观赏了。"

聘（pìn）　召（shào）　邶（bèi）　鄘（yōng）　泱（yāng）

豳（bīn）　渢（fán）　郐（kuài）　熙（xī）　倨（jù）

迩（ěr）　匮（kuì）　籥（yuè）　濩（hù）　幬（dào）

《 特 · 殊 · 句 》

◆ **省略句**

<u>使工为之歌《周南》《召南》。（省略主语）</u>

原句应是"（鲁君）使工为之歌《周南》《召南》"。

◆ 知识点

诗、乐、舞之间是怎样的关系？

先秦时期的诗歌不同于其他时代，此时的诗歌与音乐、舞蹈是结合在一起，三位一体的关系，这也是中国古代早期诗歌的一个主要特点。值得一提的是，古代诗、乐、舞大多为政治服务，并且没有特定的界限，也就是所谓的政教同文。《季札观周乐》虽然看似是对于诗歌、舞蹈的鉴赏，但处处与政治相连。这也正是这篇文章的与众不同之处。

◆ 季札挂剑

公元前544年，季札奉命出使各国。途径徐国时，徐国君主特地设宴盛情款待他，席间，季札应邀向大家展示精湛的剑术。徐君对季札的宝剑情有独钟，不时偷瞄观察。季札明白徐君的心思，暗下决心，等出使任务完成就把象征身份的宝剑送给他。

然而天有不测风云，当季札完成使命，风尘仆仆赶到徐国时，却得知徐君暴病而亡。季札想要把宝剑交给新君，但新君却婉拒了。即便如此，季札还是决定履行心底的承诺，他来到徐君的墓前，把宝剑挂在了一旁的树上。后来，人们常用季札挂剑表示对亡友的吊唁、追怀，或用来形容恪守信义。

左传

吴许越成

《知·历·史》

　　吴国和越国是春秋末期两个毗邻的诸侯国，长久以来两国摩擦不断。公元前496年，吴国雄主阖闾在槜李之战中，被越国人打败负伤。临死前，阖闾把王位托付给儿子夫差，并嘱咐他不能忘记仇恨。夫差继位后，化悲痛为力量，只花了两年时间，就在夫椒之战中击败越国，一雪前耻，并把越王勾践围困在会稽山。勾践无奈之下派文种向夫差求和，伍子胥却劝说夫差斩草除根，但夫差没听，给了越国未来绝境翻盘的机会。《吴许越成》讲述的就是伍子胥劝阻吴王和越国议和的往事。

头版头条　爱看不看

伍子胥负气告退，夫差脸黑为哪般？

路人甲日报

　　据可靠消息，吴国重臣伍子胥针对越国求和一事向吴王夫差进行劝谏，结果夫差不肯听。伍子胥无奈离开后，还和别人说："再过二十年，吴国就要变成池沼。"这究竟是危言耸听，还是真实预言，就让我们拭目以待。

读者留言

太宰嚭：大王，伍子胥这老匹夫对您不满啊！

伍子胥：嚭！休要胡说八道！

吴王夫差：好你个伍子胥！

吴王夫差败越于夫椒，报槜李[①]也，遂入越。越子以甲楯[②]五千保于会稽，使大夫种因吴太宰嚭以行成。吴子将许之。

　　伍员曰："不可。臣闻之：'树德莫如滋，去疾莫如尽。'昔有过[③]浇杀斟灌以伐斟鄩，灭夏后相，后缗方娠，逃出自窦，归于有仍，生少康焉。为仍牧正，惎[④]浇能戒之。浇使椒求之，逃奔有虞，为之庖正，以除其害。虞思于是妻之以二姚，而邑诸纶，有田一成，有众一旅。能布其德，而兆其谋，以收夏众，抚其官职。使女艾谍浇，使季杼诱豷，遂灭过、戈。复禹之绩，祀夏配天，不失旧物。今吴不如过，而越大于少康，或将丰之，不亦难乎！勾践能亲而务施，施不失人，亲不弃劳。与我同壤，而世为仇雠。于是乎克而弗取，将又存之，违天而长寇雠，后虽悔之，不可食已。姬之衰也，日可俟[⑤]也。介在蛮夷，而长寇雠，以是求伯，必不行矣。"

　　弗听。退而告人曰："越十年生聚，而十年教训，二十年之外，吴其为沼乎！"

伍子胥在谏言开端就劝夫差斩草除根，深刻刻画出心狠手辣、老谋深算的忠直之臣形象。

伍子胥借古说今，再次对夫差指出斩草不除根的危害。

这句伍子胥的"预言"是对前文谏言内容的呼应。

吴许越成

左传

────────────

①　槜（zuì）李：指吴越槜李之战，吴王阖闾此战中受伤而死。
②　甲楯（dùn）：盔甲和盾牌。"楯"通"盾"。
③　过（guō）：指过国。
④　惎（jì）：憎恨，怨恨。
⑤　俟：等待。

周朝史话
ZHOU
CHAO
SHI
HUA

114

《见·其·译》

　　吴王夫差在夫椒击败了越军，报了当年檇李之战的血仇，并乘势进入越国。越王勾践一面率领五千披甲执盾的士兵坚守会稽山，一面派遣大夫文种为使臣，通过吴国的太宰嚭向吴王请和。吴王打算答应。

　　伍员说："不行。老臣曾听说：'培养德行需要让它不断增加，而铲除祸害必须要干净彻底。'当初有过国的浇铲除了斟灌，征伐斟鄩，杀死了夏国君王相。相怀孕的妻子后缗从城墙小洞中逃跑，逃回了娘家有仍国，生下了相的遗腹子少康。少康长大后做了有仍的牧正。他对作乱的浇十分怨恨，并时刻保

国君三思啊！

持着警惕戒备。浇听说少康的存在后，派椒到处搜寻少康的下落，准备斩草除根。少康闻讯后逃到了有虞国，做了那里的庖正，借此逃避祸害。有虞国国君虞思把自己的两个女儿都嫁给少康，并把他封到了纶地，拥有土地方圆十里，以及五百士兵。少康向百姓布施德行，开始了自己的谋划，收拢夏朝的部众，安抚他们的官员。然后派遣女艾到浇身边刺探情报，令季杼去诱骗豷，最终消灭了过国和戈国。恢复了夏禹的功绩，祭祀夏朝祖先以及上苍，没有丢掉原有的天下。如今的吴国比不上过国，而越国比少康更强，如果让越国强大起来，岂不是很难对付了吗？勾践亲近臣民，布施恩惠，施恩就不会失去民心，亲近臣民就不会舍弃辛劳的人。吴越接壤，且有世仇。如今我们赢了，如果不去消灭越国，反而保全它，不仅违背天命，而且助长仇敌的势力，等到将来就算后悔，也没办法消灭他们了。姬姓诸侯的衰亡，指日可待！我国地处蛮夷之间，又助长仇敌势力，这样图谋霸业的做法，一定行不通。"

　　吴王不听从他的意见。伍员退朝后对别人说："越国用十年时间繁衍人口积聚力量，再用十年时间去教导、训练百姓。等到二十年后，吴国的宫殿恐怕会变成池沼啊！"

周朝史话
ZHOU
CHAO
史话
SHI
HUA

116

《疑·难·字》

椒（jiāo） 檇（zuì） 楯（dùn） 噽（pǐ） 灌（guàn）

郇（xún） 缗（mín） 娠（shēn） 窦（dòu） 綦（jì）

虞（yú） 庖（páo） 杼（zhù） 殪（yì） 雠（chóu）

《特·殊·句》

◆ **倒装句**

吴王夫差败越于夫椒。（状语后置）

原句应为"吴王夫差于夫椒败越"。

◆ **省略句**

遂入越。（省略主语）

原句应为"（吴王夫差）遂入越"。

使女艾谍浇。（省略主语）

原句应为"（少康）使女艾谍浇"。

勾践能亲而务施。（省略宾语）

原句应为"勾践能亲（臣民）而务施（恩德）"。

◆ **知识点**

　　"树德莫如滋，去疾莫如尽"见《尚书·泰誓下》。"去疾莫如尽"在《尚书》中为"去疾莫如本。"吴国后来被越国所灭，通常认为是因为夫差不听伍子胥"去疾莫如尽"的劝告，放了勾践，使他得以卧薪尝胆，积聚力量打败吴国。但这只是原因之一，更重要的原因是夫差没有听进去伍子胥讲的"树德莫如滋。"吴王夫差如果是个有德国君，居安思危，努力治国，就不会亡国。相反，夫椒之战获胜后，夫差骄傲自满，耽于享乐，亲小人远贤臣，贪得无厌……种种作为与"树德莫如滋"背道而驰，最终导致亡国。

国 语

《国语》相传也出自左丘明之手，是我国历史上的第一部国别体史书，记载了周、鲁、齐、晋、郑、楚、吴、越八国的史事。《国语》偏重记言，通过细致记叙人物的言论来反映事实，具有很高的文学价值。

《国语》关键词

◆ 国别体史书。

◆ 以国分类，以语为主。

◆ 又名《春秋外传》。

◆ 记事时间前后约 500 年。

自带热搜体质。都怪我太有才学。

司马迁

我写《史记》时参考了《国语》。

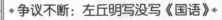

◆ 争议不断：左丘明写没写《国语》 ◆

◆ 司马迁（西汉）：《国语》是左丘明失明后的著作。

◆ 傅玄（晋）：《国语》和《左传》互相矛盾，定出自不同人之手。

◆ 康有为（近代）：我看八成是西汉刘歆的伪作。

◆ 现代学者：《国语》是战国初期一些熟悉各国历史的人，根据春秋各国史料汇编而成。

国语

祭公谏征犬戎

《知·历·史》

　　犬戎原本是古戎族的一个分支，殷周时期游牧于泾渭流域。后来，犬戎逐渐在西方发展壮大起来，成为威胁殷周的一股新兴势力。周文王在位时把犬戎驱赶到当时五服最远的地方——荒服。原本以为他们会安生度日，可到了周穆王时期，他们大有卷土重来之势。周穆王欲以犬戎没有按时上贡为由对其出兵，这一计划却受到了辅臣祭公的阻拦。祭公的谏言没能阻止周穆王征战的步伐。公元前965年到公元前964年间，周穆王亲自率兵攻打犬戎，这就是历史上的"穆王西征"。

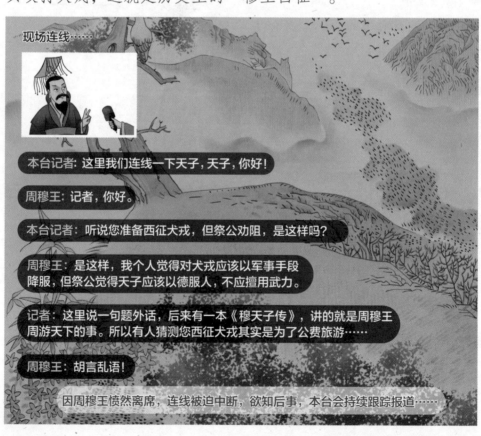

现场连线……

本台记者：这里我们连线一下天子，天子，你好！

周穆王：记者，你好。

本台记者：听说您准备西征犬戎，但祭公劝阻，是这样吗？

周穆王：是这样，我个人觉得对犬戎应该以军事手段降服，但祭公觉得天子应该以德服人，不应擅用武力。

记者：这里说一句题外话，后来有一本《穆天子传》，讲的就是周穆王周游天下的事。所以有人猜测您西征犬戎其实是为了公费旅游……

周穆王：胡言乱语！

因周穆王愤然离席，连线被迫中断，欲知后事，本台会持续跟踪报道……

《品·原·文》

穆王①将征犬戎②，祭公③谋父谏曰："不可！先王耀德不观兵。夫兵戢而时动，动则威，观则玩，玩则无震④。是故周文公⑤之《颂》曰：'载戢干戈，载櫜弓矢。我求懿德，肆于时夏，允王保之。'先王之于民也，茂正其德而厚其性，阜其财求而利其器用，明利害之乡⑥，以文修之，使务利而避害，怀德而畏威，故能保世以滋大。

"昔我先世后稷，以服事虞、夏。及夏之衰也，弃稷弗务，我先王不窋⑦用失其官，而自窜于戎、翟之间。不敢怠业，时序其德，纂修其绪⑧，修其训典，朝夕恪勤，守以惇笃⑨，奉以忠信，奕世载德，不忝⑩前人。至于武王，昭前之光明而加之以慈和，事神保民，莫不欣喜。商王帝辛，大恶于民，庶民弗忍，欣戴武王，以致戎于商牧。是先王非务武也，勤恤民隐而除其害也。

引用周文公的话，告诫周穆王，君王不应炫耀武力，而要用美德服众，这样才能使国家走得长远。

列举先王、武王治国兴邦的作为，加以佐证自己的论点。

祭公谏征犬戎

国语

① 穆王：周穆王，名姬满，是西周的第五位君王。
② 犬戎：西北戎人的一支。
③ 祭（zhài）公：周穆王的辅佐大臣。
④ 震：惧怕。
⑤ 周文公：即周公旦，周武王的弟弟，谥号"文"。
⑥ 乡：通"向"，所在。
⑦ 不窋（zhú）：周先王弃之子，与其父相继为稷即农官。
⑧ 绪：事业。
⑨ 惇（dūn）笃：敦厚，实诚。
⑩ 忝（tiǎn）：玷污，辱没。

"夫先王之制：邦内甸服，邦外侯服，侯、卫宾服，夷蛮要服，戎翟荒服①。甸服者祭，侯服者祀，宾服者享，要服者贡，荒服者王②。日祭，月祀，时享，岁贡，终王，先王之训也。有不祭则修③意，有不祀④则修言，有不享⑤则修文，有不贡则修名，有不王则修德，序成而有不至则修刑。于是乎有刑不祭，伐不祀，征不享，让不贡，告不王。于是乎有刑罚之辟，有攻伐之兵⑥，有征讨之备，有威让之令，有文告之辞。布令陈辞而又不至，则又增修于德，无勤民于远。是以近无不听，远无不服。

　　"今自大毕、伯仕之终也，犬戎氏以其职来王，天子曰：'予必以不享征之，且观之兵。'其无乃废先王之训而王几顿乎？吾闻夫犬戎树惇，能帅旧德而守终纯固，其有以御我矣！"

　　王不听，遂征之，得四白狼、四白鹿⑦以归。自是荒服者不至。

———————————

① 荒服：在周代，天子以自身为核心，根据远近亲疏对统治区域划分了五种等级，其中荒服是与天子关系最远的。
② 王：终王，新天子即位时举行的典礼，因终生只有一回，故称终王。
③ 修：反省。
④ 祀：指祭祀仪式。
⑤ 不享：诸侯不来朝见。
⑥ 兵：指军队。
⑦ 白狼、白鹿：一说是动物，一说是象征戎狄部落的图腾。

强调先王的遗训，这是又一条重要的论据，更能强化自己的论点。

摆事实，指出犬戎现在的做法不足以构成出兵的理由，从侧面烘托自己的论点。

　　周穆王想要出兵攻打犬戎，祭公谋父谏阻说："不可以！先王重视德化，而不是炫耀武力。军队，是聚集保存在必要时才动用的，一旦动用就要显示出威力。但炫耀武力就会导致轻慢，轻慢就失去了震慑力。所以周文公所作的《颂》诗说：'兵器要藏起来，弓箭应该放在皮囊之中。我们的君王应该用自己的美德来治理国家，布陈到全国各地，这样才能保君王天命久长。'先王对百姓，努力让他们端正德行，宽厚性情，增加财富，改进工具；使他们明白利害所在，再用礼法道德教导他们，使他们能够做到趋利避害，心怀感恩而畏惧威严，这才能确保周王室世代相传，不断壮大。

　　"从前，我们的先王一直做农官，服侍虞、夏两朝。夏朝衰落之后，废除了农官，不再看重农业，我们的先王不窋因此丢了官职，迁躲

西征有风险啊！

周朝史话

ZHOU

CHAO

SHI

HUA

122

于戎狄之间。但他依然不敢怠慢祖业，时时继续先人的传统和美德，还把祖先未完成的事业继承下来，钻研学习祖先的训令和典章；早晚谨慎勤恳，坚实地遵守，忠诚地奉行，世代传承祖先的品德和功绩，没有辱没先人。到武王的时候，他在发扬前人的光明德行的同时，还更加仁慈温和。侍奉神灵，保护百姓，莫不欢欣喜悦。商王帝辛，对百姓恶毒残忍，令百姓不堪忍受，百姓都拥戴武王，以至于引发了商都之外的牧野之战。这不是先王非要靠武力，而是体恤百姓的痛苦，为他们除去祸害。

"先王的制度是：王畿之内的地方称为甸服，出了王畿为侯服，侯服外到边疆之间叫宾服，宾服以外的蛮、夷之地是要服，要服之外戎、狄所处的地方是荒服。甸服之地的诸侯要给天子提供祭祀祖父、父亲的祭品，侯服之地的诸侯为天子提供祭祀

高祖、曾祖的祭品，宾服之地的诸侯为天子祭祀始祖提供祭品，要服的蛮夷之主为天子祭祀远祖及天地之神提供祭品，荒服之地的戎狄之君则只需在新天子即位时进见纳贡一次。祭祖父、父亲的祭品一日一次，祭高祖、曾祖的祭品一月一次，祭始祖的祭品一季一次，祭远祖和天地神的祭品一年一次，朝见天子一生一次。这是先王的遗训。如果有不按日进贡的，天子就反省自己的心意是否诚恳，有不按月进贡的就检查自己是否有言语不当之处；有不按季进贡的就要加强文治；有不按年进贡的就检查自己对于尊卑名分可有不妥；有不来朝见天子的，就强化自己的德行。这些方面按序修改，如果还有不来进贡的，就采取相应的处罚措施。所以，不按日进贡者受处罚，不按月进贡者受讨伐，不按季进贡者被征讨，不按年进贡者受责备，不来朝见者发晓谕。于是就有了惩罚的法律、攻伐的军队、征讨的装备、严厉的命令和劝告的文书。公布了政令，阐明了道理，这样还不来的，天子就要进一步增进自己的德行，而不是让百姓到远方打仗而受苦。国君这样做，近处的诸侯没有不听命令的，远处的诸侯没有不顺服的。

"现在大毕、伯仕都已经去世，新即位的犬戎国君带着贡品来朝见天子。天子却说：'我必须用不纳贡的罪名来征讨他，还要对他炫耀武力。'这不是要废弃先王的遗训，破坏朝见天子的礼数吗？我听说，现在的犬戎国君为人敦厚，能继承先人的德行，并且始终如一，他们就有理由抵御我们了！"

祭公这些话周穆王没有听进去，周穆王依然率兵去征伐犬戎。这一仗，只收获了四只白狼、四只白鹿。但从此荒服地区再也不来朝见天子了。

祭公谏征犬戎

国语

《疑·难·字》

戢（jí）　櫜（gāo）　懿（yì）　窀（zhú）　翟（dí）

忝（tiǎn）　纂（zuǎn）　恪（kè）　惇（dūn）　笃（dǔ）

《特·殊·句》

◆ 倒装句

守以惇笃，奉以忠信。（状语后置）

原句语序应是"惇笃以守，忠信以奉"。

则又增修于德，无勤民于远（状语后置）

原句语序应是"则又于德增修，无于远勤民"。

◆ 知识点

什么是五服？

　　西周时期，天子将自己的统治区域划定了五种范围，也就是"五服"：天子直接管辖的地域是甸服，拱卫天子的诸侯国是侯服，侯服之外是宾服，再远一些就是蛮夷、戎狄生活的要服和荒服。同时，天子还根据"五服"制定了匹配的朝贡制度，严格规定了五服各自朝见天子的时间，等等。

◆ 周穆王，传说中的西行第一人

　　古籍《穆天子传》是一部记录周穆王西征史事的著作。据说周穆王时期，西周国力繁盛，周穆王为了以示威仪，决定西巡，周游天下。

　　他乘坐华丽的车马，带领庞大的军队，一路浩浩荡荡行走过万里，中途见到了许多奇珍异兽，饱览各国风土人情。最有趣的是，传说周穆王登上过巍峨的昆仑山，之后还去到"西王母之国"，见到了西王母。

召公谏厉王止谤

　　周穆王去世后，周朝的统治走向了衰落。公元前877年，西周第十位君主周厉王上位。他是中国历史上有名的"暴君"，在位期间暴虐无道，贪图享乐。他听说百姓总在背后议论自己，指责他的过失，不仅没有自省，反而想了一个糊涂的办法来堵悠悠之口，使人们敢怒不敢言。厉王以为自己的方法奏效了，却没有意识到当时的社会矛盾急剧激化，暴乱一触即发。《召公谏厉王止谤》就发生在这样的背景之下。

〈 莫非王臣群 ⋯

群主 周厉王

我在这里要表扬一下卫巫团队，他们圆满完成了"止谤"行动，现在已经听不到有人说我坏话了。给他们发奖金。

子家

多谢天子，我等一定再接再厉，再创辉煌。

群主 周厉王

没错，就是这个劲头，大家也要向卫巫团队学习。

召公

天子啊，防民之口甚于防川！舆论民情不可忽视，只能因势利导，不可壅塞堵截啊！

召公已被禁言。

召公谏厉王止谤

国语

《品·原·文》

厉王①虐，国人谤②王。召公③告曰："民不堪命矣！"王怒，得卫巫④，使监⑤谤者，以告，则杀之。国人莫敢言，道路以目⑥。

王喜，告召公曰："吾能弭⑦谤矣，乃

> 开门见山，只用了七个字就点明了主题。为后文埋下伏笔。

① 厉王：周厉王，名姬胡。
② 谤：议论指责。
③ 召公：召穆公，周王卿士。
④ 巫：古代的一种职业，在这里周厉王将卫巫当成特务，用来监察百姓。
⑤ 监：监视，监察。
⑥ 道路以目：路上交换眼色，形容敢怒不敢言。
⑦ 弭：消除。

不敢言。"召公曰："是鄣①之也。防民之口，甚于防川②。川壅③而溃，伤人必多，民亦如之。是故为川者决之使导，为民者宣④之使言。故天子听政，使公卿至于列士献诗，瞽⑤献曲，史献书，师箴⑥，瞍⑦赋，矇⑧诵，百工谏，庶人传语，近臣尽规，亲戚补察，瞽、史教诲，耆、艾修之，而后王斟酌焉，是以事行而不悖。民之有口也，犹土之有山川也，财用于是乎出，犹其有原隰⑨，衍⑩沃⑪也，衣食于是乎生。口之宣言也，善败于是乎兴⑫，行善而备败，所以阜⑬财用、衣食者也。夫民虑之于心而宣之于口，成而行之，胡可壅也？若壅其口，其与能几何？"

王弗听，于是国人莫敢出言。三年，乃流王于彘⑭。

召公劝谏以比喻开头，指出厉王堵住百姓之口的后患。

第二个比喻告诉厉王让百姓畅言能带来的好处。

与前文呼应，同样是寥寥数字，却道出了堵塞悠悠之口的严重后果，留给后人深刻的思考。

---

① 鄣（zhàng）：阻塞。
② 川：河流。
③ 壅：堵塞。
④ 宣：开导。
⑤ 瞽（gǔ）：盲人。
⑥ 箴：劝谏的文辞。
⑦ 瞍（sǒu）：盲人而无瞳仁者。
⑧ 矇（méng）：盲人而有瞳仁者。
⑨ 隰（xí）：低而潮湿的土地。
⑩ 衍：低而平坦的土地。
⑪ 沃：肥沃的土地。
⑫ 兴：暴露出来。
⑬ 阜：丰富，很多。
⑭ 彘（zhì）：古代地名。

召公谏厉王止谤

国语

《见·其·译》

　　厉王暴虐无道，国都百姓们纷纷指责他。召穆公告诉周厉王说："百姓们已经忍受不了你的政令了！"厉王听了极为恼怒，找来了卫国的一个巫师，让他去监视指责他的人。卫巫一发现指责他的人，便向厉王报告，然后就把这个人杀掉。这样一来，百姓都不敢说话，在路上见到，只能靠眼神来交流。

　　厉王这下高兴了，就告诉召穆公说："我已经把那些流言蜚语都消除了，现在没人敢再说我的坏话了。"召穆公说："大王这样做，不过是堵住了百姓的嘴。可这样堵塞百姓的嘴，比堵住河川还要危险。河川被堵塞，一旦决口，冲破堤坝，会伤害很多人，堵塞百姓的嘴也是同样的道理。所以，治理水患的人用疏导河道的方法使其畅通，而治理百姓就是要引导百姓，让他们畅所欲言。所以天子处理政务，要让三公九卿和各级官吏进献有讽刺寓意的诗篇，让乐官进献民间的乐典，让史官进献能借鉴的史籍，少师诵读有规劝意义的文辞，没有眸子的盲人吟咏诗篇，有眸子的盲人诵读讽刺的言辞，百官纷纷进谏，平民百姓可以把自己的意见转达给君王，所有亲近的臣子们都履行规劝的职责，君王的宗亲弥补审查过失，乐官、史师用自己的乐典、史料加以教诲，元老重臣再进一步修饰整理，最后由君王斟酌裁定。这样才能让国家的政事在不违背道理的情况下得以实施。百姓有口，就像大地上有山有河，社会上的财富全是靠他们而来；又像有平原、洼地、高低良田，人们的衣食来源于此。百姓可以放开了发表自己的言论，才能让政事的好、坏表露出来。百姓认为好的就尽力实施，百姓说是错的就要想办法弥补，这是增加财物、器用、衣食的方法。人们在心里考虑，用嘴巴讲，只要形成想法便会说出来，怎么可以堵塞呢？如果堵住他们的嘴，那么统治还能维持多久呢？"

厉王不听召公的劝告，从此，都城的人都不敢议论政事。过了三年，不堪忍受的百姓就把他赶到了彘地。

《 疑 · 难 · 字 》

瞽（gǔ）　瞍（sǒu）　耆（qí）　隰（xí）　彘（zhì）

《 特 · 殊 · 句 》

◆ 省略句

召公告曰："民不堪命矣！"（省略宾语）

原句应为"召公告（厉王）曰：'民不堪命矣'"。

三年，乃流王于彘。（省略主语）

原句应为"三年，（民）乃流王于彘"。

◆ 倒装句

是以事行而不悖。（宾语前置）

原句语序应为"以是事行而不悖"。

夫民虑之于心而宣之于口。（壮语后置）

原句语序应为"夫民于心虑之而于口宣之"。

◆ 判断句

是鄣之也。

"也"表示判断。

《 词 · 类 · 活 · 用 》

师箴（箴：进献劝谏的韵文。名词作动词。）

道路以目（目：用眼神示意。名词作动词。）

◆ 成语积累

防民之口，甚于防川：阻止百姓批评的危害，比堵塞河川引发的水患还要严重。比喻不让人民发声，必会导致严重后果。

襄王不许请隧

《知·历·史》

公元前636年，周襄王和异母兄弟王子带发生了冲突。王子带起兵造反，把周襄王赶出了当时的王城洛阳。晋文公知道此事后，打着勤王的旗号，出兵攻打王子带。取胜之后，他将周襄王重新迎回洛阳。为了感谢晋文公，周襄王赐了两座城池给他。起初晋文公不接受，只请求周襄王答应他死后用天子的规格举行葬礼。周襄王自然是不允许，他通过追述周先王裂土封侯的事迹，说明君臣间应遵守的法度，晋文公终于"受地而还"。

头版头条 爱看不看

惊！晋文公竟然这般想

路人甲日报

本报讯：记者在前线得知，晋文公竟想用天子规格修建墓道，此种行为实属僭越，天子要如何拒绝他？本台记者将持续跟踪报道。

读者留言

晋文公：我只是提了个小要求……

郑文公：晋文公想犯上作乱，这就是证据！

周襄王：晋侯，咱俩谈谈心吧。请私聊……

《品·原·文》

晋文公①既定襄王②于郏③,王劳之以地。辞,请隧④焉。

王弗许,曰:"昔我先王之有天下也,规方千里以为甸服,以供上帝山川百神之祀,以备百姓兆民之用,以待不庭⑤、不虞⑥之患。其余以均分公侯伯子男,使各有宁宇,以顺及天地,无逢其灾害。先王岂有赖焉?内官不过九御⑦,外官不过九品,足以供给神祇而已,岂敢厌纵其耳目心腹以乱百度⑧?亦唯是死生之服物采章,以临长百姓而轻重布之,王何异之有?

"今天降祸灾于周室,余一人⑨仅亦守府,又不佞以勤叔父⑩,而班先王之大物以赏私德,其叔父实应且憎,以非余一人。余一人岂敢有爱⑪也?先民有言曰:'改玉改行。'叔父若能光裕大德,更姓改物,以创制天下,自显庸⑫也,而缩取备物以镇抚百姓,

周襄王没有直截了当地拒绝晋文公,而是从侧面诉说当君王没有什么好处,为后文做铺垫。

切入正题,前面讲明当君主没有什么别的不同,只能以身上的服饰和死后的葬礼来区别尊卑贵贱。君主如果连这点特权都没有,那与普通百姓又有何区别?言外之意就是说,不是天子就不能享受天子的葬礼。

这段更为精妙,虽然同样表达不能允许晋文公"请隧",但却用反语。表明自己不是不舍得这个天子的葬礼,而是这种做法不对。晋文公作为一个明事理的人,不仅不应该请求,还得责备"我"。周襄王这种反其道而行之的做法更胜千言万语。

① 晋文公:春秋五霸之一,姬姓晋氏,名重耳。
② 襄王:周襄王,东周国君。
③ 郏:洛邑王城,在今河南洛阳西。
④ 隧:天子葬礼,开掘隧道。
⑤ 不庭:诸侯不依礼来朝见。
⑥ 不虞:意想不到的灾难事件。
⑦ 九御:九嫔,即侍御之人;一御有九人,九御则八十一人,分组轮流侍御。
⑧ 百度:指各种制度。
⑨ 余一人:天子对自己的称呼。
⑩ 叔父:天子对同姓诸侯的尊称,这里指晋文公。
⑪ 爱:吝啬。
⑫ 庸:功用。

余一人其流辟^①于裔土^②，何辞之有与？若犹是姬姓^③也，尚将列为公侯^④，以复先王之职，大物其未可改也。叔父其茂昭明德，物将自至，余敢以私劳变前之大章，以忝天下？其若先王与百姓何？何政令之为也？若不然，叔父有地而隧焉，余安能知之？"

文公遂不敢请，受地而还。

经过前文的层层铺垫，周襄王的这句话，看似随口而出，无可奈何，实则把晋文公逼入了绝境，这种以退为进的方法，尽管语词委婉，却是一步紧似一步，文公于情于理都不可再坚持请隧的要求了。

我的要求不多……

襄王不许请隧

国语

① 流辟：流放。
② 裔土：偏远地区。
③ 姬姓：周天子和晋文公同属于姬姓宗室。
④ 公侯：周天子分封诸国时，根据远近亲疏与功劳大小，把贵族分为公、侯、伯、子、男几等。

《见·其·译》

晋文公帮助周襄王在郏邑恢复了王位，周襄王想用土地来酬谢他，可晋文公却拒绝了，他不想要封地，而是请求在自己死后享受灵柩穿隧而葬的天子葬仪。

周襄王不同意，说："从前我的先祖执掌天下，把方圆千里的土地划分为直属领地，用此地的产出来供奉上天和山川神灵，养活百姓万民，防范不来朝贡的诸侯以及那些意想不到的祸患。其余的土地都按公、侯、伯、子、男的等级分配下去，让他们可以有个安乐的居所，以顺应天地尊卑的法则，不至于遭受什么灾害。先王又得到什么好处了吗？他的宫内只有九嫔，朝堂上的官员只有九卿，只是达到了供奉天地神灵的标准而已，又怎么敢为了满足一己私欲而去破坏各种制度呢？也只有死后、生前的服饰器具在色彩和花纹上有所区别，用来统治百官，显示贵贱尊卑罢了。除此之外，天子又与其他人有什么不同呢？

"现在上天给周王室降下了灾祸，我不过是为了守护先王的遗规，只是自己缺乏才能不得已辛苦了叔父。如果我仅仅因为个人的私德，就拿出先王的大礼报答，那样叔父理应因此厌恶、责备我，我自己又怎么敢吝啬呢？从前有句话说：'改换佩玉，就要相应改换步伐。'叔父如果把你的美德发扬光大，另立王朝，改变姓氏和典章制度，创建并掌管天下，显示出自己的功绩，而接受天子的完备礼仪，来统治和安抚百姓，那么我将逃到边远荒凉之处，对此我还有什么好说的呢？但如果叔父依然承认周朝的姬姓统治，您依旧位列公侯，把履行先王的遗规当作自己的职责，那么天子所用的隧葬大礼就不能更改。叔父应该努力光大自己的德行，那么你想要的自然会来。我哪敢因酬谢个人的受惠而改变先王的典章制度，从而辱没了天下？这样做又怎么对得起先王和百姓呢？以后又怎么能推行政令呢？如果我说得不对，叔父您有自己的晋国，您在自己的土地上举行隧葬礼，我又怎么会知道呢？"

晋文公于是不敢再提隧葬的要求，接受了襄王赏赐的土地，回到了自己的国家。

不如您再想想。

周朝史话
ZHOU
CHAO
史话
SHI
HUA
136

《 疑 · 难 · 字 》

郏（jiá） 祇（qí） 佞（nìng） 裔（yì） 忝（tiǎn）

《 特 · 殊 · 句 》

◆ 倒装句

王劳之以地。（状语后置）

原句语序应是"王以地劳之"。

王何异之有？（宾语前置）

原句语序应是"王之有何异"，宾语"何异"前置了。

《 词 · 类 · 活 · 用 》

请隧焉（隧：挖掘墓道进行安葬。名词作动词。）

以待不庭、不虞之患（庭：向朝廷进贡。名词作动词。）

◆ 词语积累

耳目心腹：比喻得力的助手或亲信。

光裕：光大充裕。

◆ 知识点

改玉改行（xíng）

　　古代人戴佩玉以控制步行节奏，那时君臣和贵族因为身份
不同，行走的步数和速度是不一样的，因此他们所佩戴的玉饰
也是有区别的。所以，换佩玉等于是改变身份。

申胥谏许越成

《知·历·史》

　　夫椒一战吴国打败越国，夫差一时风头无两。志得意满的他认为江淮之地已经无法容纳自己的雄心壮志，准备北上与齐国争霸。但吴王夫差因为没有将越国斩草除根，导致越国几年来休养生息，异动频频，影响了吴国的北上战略。为了扫除后患，当时吴国国内很多人都建议夫差消灭越国。越王勾践听说后，吸取了辅臣文种的建议，派人假意求和。夫差刚愎自用，不顾老臣申胥（伍子胥）的劝阻，答应了越国的求和。

< **君臣一家亲**　　　　　　　　　　　　　　 • • •

夫差
我跟越国已约定好，可以放心北上伐齐了！

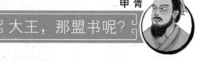
申胥
大王，那盟书呢？

夫差
盟书啊，没签，我们口头约好的。

申胥
……您逗我？

申胥
吴国没救了！

申胥退出群聊

《品·原·文》

　　吴王夫差乃告诸大夫曰："孤[1]将有大志于齐[2]，吾将许[3]越成[4]，而无拂吾虑[5]。若越既改，吾又何求？若其不改，反[6]行，吾振旅[7]焉。"

　　申胥[8]谏曰："不可许也。夫越非实忠心好吴也，又非慑畏吾甲兵之强也。大夫种[9]勇而善谋，将还玩吴国于股掌之上，以得其志。夫固知君王之盖威以好胜也，故婉约其辞，以从逸王志，使淫乐于诸夏之国[10]，以自伤也。使吾甲兵钝弊，民人离落[11]，而日以憔悴，然后安受吾烬。夫越王好信以爱民，四方归之，年谷时熟，日长炎炎。及吾犹可以战也，为虺[12]弗摧，为蛇将若何？"

　　吴王曰："大夫奚隆于越，越曾足以为大虞乎？若无越，则吾何以春秋曜[13]吾军士？"

本文采用了对比和映衬的手法。申胥与夫差对比，申胥一眼就看穿了越国假意求和的阴谋，更直截了当地言明。这与夫差形成了鲜明的对比，突出了申胥这一人物机智的形象特征。

申胥的劝言也采用了对比的方法，分析了越国和吴国各自的处境。

――――――――――

① 孤：夫差对自己的称呼。
② 大志于齐：意思是要攻打齐国。
③ 许：赞成，同意。
④ 成：求和。
⑤ 虑：意愿。
⑥ 反：通"返"，返回。
⑦ 振旅：整顿军旅。
⑧ 申胥：吴国的大夫，伍子胥。
⑨ 大夫种：指越国的大夫文种。
⑩ 诸夏之国：指中原大地上的其他诸侯国。
⑪ 离落：离散。
⑫ 虺（huǐ）：小蛇。
⑬ 曜（yào）：炫耀。

乃许之成。将盟，越王^①又使诸稽郢^②辞曰："以盟^③为有益乎？前盟口血未干^④，足以结信矣。以盟为无益乎？君王舍甲兵之威以临使之，而胡重于鬼神而自轻也？"吴王乃许之，荒成^⑤不盟。

作者只用了几个字就点明了结局，留给后人深刻的反思。

越国不足为惧！

① 越王：当时的越国国君勾践。
② 诸稽郢：越国五大夫之一。
③ 盟：盟誓。
④ 口血未干：结盟时杀牲饮血，血在嘴边还没有干。比喻时间短暂。
⑤ 荒成：指口头达成协议。荒，虚，空。

申胥谏许越成

国语

《见·其·译》

吴国的君主夫差对各位大夫说："我马上就要攻打齐国，所以我想同意越国的求和。你们都不要违背我的意愿。如果越国已经悔改，我为什么要苛责它呢？如果它不悔改，等我从齐国返回，就会重整军队，再去讨伐它。"

申胥劝说道："大王，咱们不能同意求和啊！越国不是真心要与吴国和好，也不是害怕我们强大的军队。越国大夫文种勇敢有谋略，他将来会把吴国玩弄于股掌之间，以达成他的目的。他原本就知道大王您崇尚武力、争强好胜，所以才说了些委婉谦卑的话，以便纵容大王您的心志，让您沉浸在征服诸侯各国的喜悦当中，以损害我们的国力。使我们的武器损耗，士兵疲惫，让百姓流离失所，国家一天天地衰弱下去，然后他们就可以毫不费力地收拾我们。而越王勾践讲信用而爱惜百姓，四方人民都归顺他，年年谷物按时成熟，日子过得蒸蒸日上。在我们还可以打败它的时候，不把小蛇摧毁，等它长成大蛇的时候又该怎么对付呢？

吴王说："大夫你为什么要长越国的威风？越国何时成为大患了？如果没有越国，我们在春秋二季演习时向谁炫耀我的军队呢？"于是，吴王同意了越国的求和。将要订立盟约的时候，越王勾践又派遣诸稽郢推辞说："大王以为盟约有用吗？上次盟约时的血还没有干呢，足以能够表达信用了。大王以为盟约没有用吗？那么大王的军队能随时降临统治我们，为什么要看重鬼神而轻视您自己的威力呢？"吴王听后，也没有反驳，就答应了口头讲和而没有缔结盟约。

虺（huǐ）　奚（xī）　稽（jī）　曜（yào）　郢（yǐng）

《 特 · 殊 · 句 》

◆ **判断句**

夫越非实忠心好吴也，又非慑畏吾甲兵之强也。

非，意为不是，表示否定判断。

◆ **倒装句**

孤将有大志于齐。（状语后置）

原句语序应是"孤于齐将有大志"。

◆ **成语积累**

股掌之上：大腿和手掌之上，比喻控制和操纵的范围，现多比喻可以把事物控制在自己掌握的范围内。

为虺弗摧，为蛇若何：小蛇时不消灭，成为大蛇就难办了。比喻敌人弱小时不予以消灭，必有后患。

苦胆已给你备好，你自己看着办吧！

你……你要做什么？

◆ **知识点**

　　夫椒之战越国战败后，勾践假意向夫差求和，并甘愿充当夫差的奴仆，供他驱使。后来，夫差麻痹大意，以为勾践忠于自己，便把他放了。勾践回国后发愤图强，每天睡在草堆之上，并品尝苦胆提醒自己勿忘复仇。在国内，勾践任用贤能，免赋税，让百姓休养生息，终于，越国转弱为强，成功打败吴国。这就是勾践"卧薪尝胆"的故事。

公羊传

《公羊传》是一本阐释《春秋》的著作，相传由公羊高所作。这位公羊高，据说拜了孔子的学生子夏为师。《公羊传》最初仅口说流传，直到汉景帝时，才由公羊寿和胡母生（子都）将它"著于竹帛"。《公羊传》着重阐释《春秋》"大义"，史事记载较简略，是研究战国秦汉间儒家思想的重要资料。

公羊高关键词

◆ 复姓公羊，战国时齐国人。
◆ 孔子弟子的弟子。
◆ 玄孙公羊寿。

都说《春秋》深奥难懂，我来解读一下。

◆《公羊传》为阐释《春秋》而作◆

◆《公羊传》：阐释了《春秋》中的"微言大义"。
◆《公羊传》：自问自答，答疑解惑。
◆《公羊传》：今文经学的重要典籍。

宋人及楚人平

  春秋中期，楚庄王一鸣惊人，励精图治，依靠邲之战击败晋国，夺取了中原霸权。几年后，楚庄王因为宋人杀害大夫申舟，派兵围攻宋国。楚军势如破竹，很快将宋国都城团团包围。但宋人坚决不投降，拼死抵抗，依靠守城优势，硬生生与楚军僵持了九个月。最后宋国弹尽粮绝，楚军也精疲力竭。为了取胜，双方互相派人刺探军情。楚国大夫司马子反与宋国的华元靠着一番对话就结束了双方的争战。《宋人及楚人平》记载的就是这段历史，作者还在文章里对这一历史事件进行了点评，发表了自己的看法。

子反
我们决定要握手言和！ @华元

1 小时前

♡ 华元

✉ 楚庄王: 子反? 你搞什么? 我怎么不知道这件事?

  华元: 是的，我们确实议和了。

  子反: @楚庄王大王，退兵吧，我们已经坦诚相待了。

  楚庄王: @子反算了，这次就放过宋国，和谈吧。

  笔者: 子反与华云的私下议和虽然弥除了战争，但两人背着国君自作主张的行为，在当时无疑是不合时宜的。

宋人及楚人平

公羊传

143

《品·原·文》

外平不书^①，此何以书？大^②其平乎己也。何大其平乎己？庄王^③围宋，军有七日之粮尔，尽此不胜，将去而归尔。于是使司马子反^④乘堙^⑤而窥宋城，宋华元^⑥亦乘堙而出见之。司马子反曰："子之国何如？"华元曰："惫矣。"曰："何如？"曰："易子而食之，析骸^⑦而炊之。"司马子反曰："嘻！甚矣惫！虽然，吾闻之也，围者柑马^⑧而秣^⑨之，使肥者应客。是何子之情^⑩也？"华元曰："吾闻之，君子见人之厄^⑪则矜^⑫之，小人见人之厄则幸之。吾见子之君子也，是以告情于子也。"司马子反曰："诺。勉之矣。吾军亦有七日之粮尔，尽此不胜，将去而归尔。"揖^⑬而去之。

开篇就用了两个问句，引人想象，勾起人阅读的欲望。

开门见山的对话，语言朴实又接地气，如话家常，却用平淡的语言描绘出了两个人内心的不平静。

---

① 外平不书：鲁国之外的其他诸侯国之间的和解之事一般没有记载。宋、楚这次讲和《春秋》记载了，是唯一的一次例外。
② 大：赞扬。
③ 庄王：楚庄王。
④ 司马子反：楚国公子侧，字子反，任司马，掌管军政。
⑤ 乘堙（yīn）：登上小土山。
⑥ 华元：宋国的大夫。
⑦ 析骸：劈开尸骨。
⑧ 柑（qián）马：让马嘴里衔一根木棍，不让它进食。
⑨ 秣：喂。
⑩ 情：道出真相。
⑪ 厄：灾难。
⑫ 矜：怜悯。
⑬ 揖（yī）：古时拱手礼。

反于庄王。庄王曰："何如？"司马子反曰："惫矣！"曰："何如？"曰："易子而食之，析骸而炊之。"庄王曰："嘻！甚矣惫！虽然，吾今取此，然后而归尔。"司马子反曰："不可。臣已告之矣，军有七日之粮尔。"庄王怒曰："吾使子往视之，子曷①为告之？"司马子反曰："以区区②之宋，犹有不欺③人之臣，可以楚而无乎？是以告之也。"庄王曰："诺。舍而止④。虽然，吾犹取此，然后归尔。"司马子反曰："然则君请处于此，臣请归尔。"庄王曰："子去我而归，吾孰与处于此？吾亦从子而归尔。"引师而去之。故君子大其平乎己也。此皆大夫也，其称"人"何？贬。曷为贬？平者在下⑤也。

重复的对话，却由不同的人说出口，语气、心情都有所变化。特别是庄王最后的回答，体现出了一个君王的真实想法，与臣子有着鲜明的对比。

① 曷：通"何"，为什么。
② 区区：很小的样子。
③ 欺：欺骗。
④ 舍而止：造房屋住下来。
⑤ 平者在下：讲和的是处于下位的臣子。

宋人及楚人平

公羊传

周朝史话
ZHOU
CHAO
史
SHI
话
HUA

146

《见·其·译》

鲁国以外的国家停战讲和,《春秋》中都没有记载过,为什么却记载了这次呢?是为了赞扬这次讲和是出于两国大夫的主动。为什么要赞扬这次讲和呢?楚庄王围攻宋国都城,军队只剩下七天的粮草了。如果粮草用尽还没有取胜,楚军就只能回国去了。于是庄王就派大夫司马子反爬到山坡上去刺探一下宋国的军情,正巧宋国的大夫华元也爬到山坡上想来看一下楚国的情况。两人遇到后,司马子反问道:"你们那里情况如何?"华元说:"困顿不堪了!"司马子反说:"困顿到什么程度?"华元说:"彼此交换孩子来吃,劈开尸骨当柴烧。"司马子反说:"唉!真是困顿到极点了!虽然如此,但我听说,被围困的人会将木头塞在马嘴里不让它们吃东西,然后假装喂马,再选择肥壮的马匹出来示人。你为何会把真实情况告诉我呢?"华元说:"我听说君子见到别人有困难会心生怜悯,而小人见到别人有困难会幸灾乐祸。我见到你就觉得你是个君子,所以便把实情告诉你了。"司马子反说:"好吧,你们努力守城吧。我们的军队也只剩下七天的粮草了。如果吃完这些粮食还是攻城不胜,就会撤兵回国。"说完两人作揖而别。

司马子反回来后向楚庄王复命。庄王问:"怎么样?"司马子反说:"他们现在已经非常困顿了。"庄王好奇地问:"哦?你且说说看,究竟是怎么个困顿法儿?"司马子反叹了口气说:"已经到了彼此交换孩子来吃,劈开尸骨当柴烧的地步。"庄王说:"确实是非常困顿!尽管如此,我一定要攻下宋国都城再回去。"司马子反连忙说:"大王万万不可!我已经告诉他们,咱们现在只剩下七天的粮草了。"庄王非常生气地说:"你真是糊涂!我派你去察看对方的情况,你为什么要告诉他咱们的军情呢?"司马子反说:"一个小小的宋国,都有一个不欺骗别人的大臣,楚国又怎么能没有呢？所以我就如实相告了。"庄王无奈地说："好吧！我要筑营驻扎下来。虽然他们知道了，我还是要攻下宋国都城再回去。"司马子反说："那么大王您就留在这里吧，我请求回去！"庄王说："你回去了，我和谁留在这里呢？我也随你回去吧！"于是庄王带着军队回到了楚国。所以君子们都赞扬两位大夫和平解决了战事。这两个人都官居大夫，而《春秋》为什么却称他们为"楚人""宋人"呢？原来《春秋》是为了贬低他们。为什么要贬低他们呢？是因为这次讲和的是处于下位的臣子而不是国君。

大王，咱回去吧。

《 疑 · 难 · 字 》

埋（yīn）　析（xī）　骸（hái）　柑（qián）　秣（mò）

《 特 · 殊 · 句 》

◆ **省略句**

于是使司马子反乘埋而窥宋城。（省略主语）

原句应为"（庄王）于是使司马子反乘埋而窥宋城"。

◆ **判断句**

吾见子之君子也，是以告情于子也。

语气词"也"表示判断。

《 词 · 类 · 活 · 用 》

舍而止（舍：古代行军以三十里为一舍，这里指后退三十里。量词作动词。）

◆ **好句赏析**

君子见人之厄则矜之，小人见人之厄则幸之。

译：君子见别人有困难会心生怜悯，小人见别人有困难就幸灾乐祸。

◆ **知识点**

　　子反，即芈（mǐ）侧，春秋时期楚国宗室子弟。他身份超绝，地位尊贵，楚共王时官拜司马，因此也被称为"司马子反"。公元前575年，晋楚战于鄢陵，子反亲将中军，指挥全局，酣战中渴而求饮，醉卧不能起，贻误军机，因此被问斩。

谷梁传

《谷梁传》的体例、语言风格、成书和写定的过程都与《公羊传》相似。作者相传为谷梁赤。这部著作重点在阐释《春秋》经义，即进一步说明《春秋》的政治意义，它思想的丰富性和社会影响不及《公羊传》。早期它也是靠"口说流行"，至西汉时成书。它是我们研究秦汉以及西汉初年儒家思想的重要资料。

谷梁赤关键词

◆ 战国时的经学家，鲁国人。

◆ 孔子弟子子夏的弟子。

◆ 公羊高的同门师兄弟。

这是我揣测孔子思想写成的书。

孔子

你眼中的我，不是真的我！

《谷梁传》经典回顾

◆《谷梁传·僖公五年》："盟者，不相信也，故谨信也。"

◆《谷梁传·僖公二十一年》："言而不信，何以为言。"

◆《谷梁传·庄公三十二年》："讳莫如深，深则隐。"

虞师晋师灭夏阳

《知·历·史》

西周初立时，周天子为了维护统治，大肆封赏宗亲、功臣以及前朝贵族，让他们各自建立诸侯国，拱卫王畿。相传周代诸侯国数量最多时有八百个。进入春秋时期后，由于周天子威信崩塌，社会礼崩乐坏，围绕在周王室统治下的诸侯国产生了嫌隙，矛盾摩擦时有发生，甚至连兼并灭国也不是什么稀罕事。晋国垂涎虞国和虢国的土地，为了顺利消灭掉两国，晋人做了一系列谋划。这也是《虞师晋师灭夏阳》一文里讲述的故事。

晋献公邀请荀息、虞公、宫之奇加入群聊

群主 晋献公

我亲爱的朋友，我有事想跟你商量。@虞公

虞公

唉，都是一家人，拿这么多礼物干吗，有事您说话。

荀息

虞公果然英明，我家大王想和你借条路把讨厌的虢国消灭掉。

宫之奇

国君，万万不可！要知道唇亡齿寒啊！

虞公

晋国是自家亲戚，用条路换美玉、良马多实惠啊！

宫之奇

唉，好言难劝该死鬼，我还是赶紧跑路吧！

宫之奇退出群聊

非国而曰"灭"①，重夏阳也。虞②无师③，其曰"师"，何也？以其先晋④，不可以不言师也。其先晋何也？为主乎灭夏阳⑤也。夏阳者，虞、虢之塞邑⑥也，灭夏阳而虞、虢⑦举矣。

虞之为主乎灭夏阳，何也？晋献公⑧欲伐虢，荀息⑨曰："君何不以屈产之乘⑩、垂棘之璧⑪，而借道乎虞也？"公曰："此晋国之宝也。如受吾币⑫，而不借吾道，则如之何？"荀息曰："此小国之所以事⑬大国也。彼不借吾道，必不敢受吾币。如受吾币，而借吾道，则是我取之中府而藏之外府，取之中厩⑭而置之外厩也。"

开篇采用一问一答的形式，为下文做好铺垫，并且层层递进，引人入胜。

短短一段话，荀息以无双的口才把用良马美玉借道的益处讲得明明白白。侧面烘托出他的眼界和才能很不一般。

① 灭：消灭，灭亡。
② 虞：周文王时期建立的姬姓小国。
③ 师：指军队。
④ 晋：西周时期分封的姬姓诸侯国。
⑤ 夏阳：地名，现在位于山西省平陆县东北。
⑥ 塞邑：边塞城镇，要塞。
⑦ 虢（guó）：周朝最初分封的姬姓小国。
⑧ 晋献公：晋国的国君，名诡诸。
⑨ 荀息：晋国大夫，晋献公的亲信，食邑于荀，亦称荀叔。
⑩ 乘（shèng）：古时一车四马称为一乘。此处特指马。
⑪ 璧：玉器的一种形制。
⑫ 币：指财货。
⑬ 事：侍奉。
⑭ 中厩（jiù）：宫中的马棚。后文的"外厩"指宫外的马棚。

虞师晋师灭夏阳

谷梁传

公曰："宫之奇①存焉，必不使受之也。"
荀息曰："宫之奇之为人也，达心而懦②，
又少长于君。达心则其言略，懦则不能强
谏③，少长于君，则君轻之。且夫玩好在耳
目之前，而患在一国之后，此中知以上乃能
虑之。臣料虞君，中知以下也。"公遂借道
而伐虢。

　宫之奇谏曰："晋国之使者，其辞卑④
而币重，必不便于虞。"虞公弗听，遂受其
币而借之道。宫之奇又谏曰："语曰：'唇
亡则齿寒。'其斯之谓与？"挈其妻子以
奔曹⑤。

　献公亡虢，五年，而后举虞。荀息牵马
操璧而前曰："璧则犹是也，而马齿⑥加长矣。"

这段是荀息对宫之
奇和虞国国君性格
的分析。条理清晰，
层次分明，由此可
见荀息是一名善于
揣摩人心的"高手"。

宫之奇携妻带子离
开虞国，照应了前
文荀息对他性格的
分析。再次衬托出
荀息的厉害。

荀息这段话与前文
相呼应。

①　宫之奇：虞国的大夫。
②　懦：怯懦，不强硬。
③　谏：谏言，劝谏。
④　卑：谦卑。
⑤　曹：曹国。西周时分封的姬姓小国。
⑥　马齿：马的牙齿，每一年多长一颗。

夏阳不是一个国家，却说"灭亡"了它，这是看重夏阳。虞国本没有出动军队，《春秋》中却提到了虞国的军队，是为什么呢？因为虞国引导晋国军队前来，所以这里不能说虞国也出动了军队。为什么说虞国引导晋国军队前来呢？是因为在晋国灭夏阳这件事上，虞国要承担主要责任。夏阳是虞国和虢国之间的边塞要地。灭掉夏阳，则虞国、虢国就都可以攻下了。

为什么说虞国是灭掉夏阳的主谋呢？原来，晋献公很早就垂涎虢国的土地了。然而，虢国与晋国之间还隔着一个虞国。晋国如果想要讨伐虢国，虞国是必经之路。正当晋献公苦恼该如何顺利地进攻虢国时，大夫苟息提出了一条建议："您为什么不用屈地出产的马和垂棘出产的美玉，去向虞国借条路呢？"

周朝史话

ZHOU

CHAO

史话

SHI

HUA

154

晋献公说："这些都是晋国的国宝。再说万一虞国拿了这些宝物却不借路给我，该怎么办？"荀息说："这就是小国用来侍奉大国的礼数，虞国若是不想借路给咱们，自然不会接受咱们的宝物。如果他接受了咱们的宝物又借道给我们，对我们而言不过是把碧玉从宫中的府库放到了宫外府库，把良马从宫中的马厩养在宫外的马厩中而已。"晋献公说："宫之奇还在虞国任职呢，他肯定不会让虞国国君接受这礼物。"荀息说："宫之奇的为人，虽然内心通达但性情懦弱，又是从小和国君一起长大的。心里明白，说话就简略；性情懦弱，就不会坚决劝谏；从小和国君一起长大，国君就不会重视他。况且这么好的宝物就摆在面前，祸患还在别的国家灭亡之后，这种事只有智力在中上等的人才会想得到。而在我看来，虞国的国君智力只能算中下等。"于是晋献公就向虞国借路去攻打虢国。

宫之奇向虞国国君进谏道："晋国的使者说话谦卑又奉上厚礼，这件事一定会对虞国不利。"可虞公听不进去谏言，不仅收下了厚礼还答应借路。宫之奇再次劝谏："俗话说'没有了嘴唇的保护，牙齿自然就觉得寒冷'说的就是这种情况吧。"但是虞公依然我行我素。宫之奇就带着妻子和孩子逃到曹国去了。

晋献公灭掉虢国，鲁僖公五年，就攻打了虞国。荀息牵着良马、捧着美玉，来到晋献公跟前，说："美玉还是和从前一样，但马却变老了。"

虢（guó）　棘（jí）　厩（jiù）　挈（qiè）

〖特·殊·句〗

◆ **判断句**

夏阳者，虞、虢之塞邑也。

语气词"也"表示判断。

◆ **省略句**

如受吾币，而不借吾道，则如之何？（省略主语）

原句应为"如（虞）受吾币，而不借吾道，则如之何"。

挈其妻子以奔曹。（省略主语）

原句应为"（宫之奇）挈其妻子以奔曹"。

◆ **成语积累**

唇亡齿寒：嘴唇没有了，牙齿就会觉得冷，形容关系密切，利害相关。

虞师晋师灭夏阳

谷梁传

周朝史话
ZHOU
CHAO
SHI
HUA

156

◆知识点

《谷梁传》和《左传》中都记录了晋国假道伐虢的故事，但是两本书中讲述的细节有所不同。《谷梁传》中晋国在当年就灭了虢国，五年后才灭了虞国；而《左传》中的记载则是，晋国只攻占了虢国的夏阳，三年之后，晋再次借道虞国，彻底灭掉虢国，回师途中又顺便灭亡了虞国。

《左传》《国语》《公羊传》和《谷梁传》都是记载春秋时代的历史典籍，其中《左传》和《国语》相传都是左丘明所作。《左传》是编年体史书，以年代为线索进行编排；《国语》是国别体史书，以国分类进行记录。值得一提的是，《左传》又叫《左氏春秋传》，这里的"春秋"通常指的是记录鲁国国史的《春秋》一书。现存的《春秋》记载了鲁国从隐公元年至哀公十四年共242年的历史，是孔子编写修订的，文字简略、措辞隐晦。《左传》便在《春秋》记事的基础上，较完整地记叙了历史事件，全面反映了春秋时代的政治、经济、外交、生活等方面的情况。《公羊传》和《谷梁传》这两部书也是解读《春秋》的，只是叙述的内容和笔法有所不同，更注重阐释政治理论，迎合现实政治的需求。